Karl Soll
Der Wiener Kongress

SEVERUS Verlag

Soll, Karl: Der Wiener Kongress. 2017
Neuauflage der Ausgabe von 1916
ISBN: 978-3-95801-726-9

Korrektorat: Julia Neumann
Satz: Vorname Julia Neumann

Umschlaggestaltung: Annelie Lamers, SEVERUS Verlag

Bibliografische Information der Deutschen Nationalbibliothek: Die Deutsche Nationalbibliothek verzeichnet diese Publikation in der Deutschen Nationalbibliografie; detaillierte bibliografische Daten sind im Internet über https://dnb.de abrufbar.

Der SEVERUS Verlag ist ein Imprint der Bedey & Thoms Media GmbH, Hermannstal 119k, 22119 Hamburg

---

SEVERUS Verlag, 2017
http://www.severus-verlag.de
Gedruckt in Deutschland
Der SEVERUS Verlag übernimmt keine juristische Verantwortung oder irgendeine Haftung für evtl. fehlerhafte Angaben und deren Folgen.

Karl Soll

Der Wiener Kongress

SEVERUS

MIX
Papier aus verantwortungsvollen Quellen
Paper from responsible sources
FSC® C105338

Einleitung

Am 30. Mai 1814 wurde der erste Pariser Friede unterzeichnet. Der vorletzte Artikel des Vertrages bestimmte, dass zwei Monate später in Wien ein Kongress zur Neuordnung der europäischen Verhältnisse stattfinden sollte. Indessen wurde der Beginn des Kongresses bis zum 1. Oktober 1814 verschoben. Eine formelle Eröffnung hat niemals stattgefunden. Wien wurde zum Mittelpunkte Europas. Die politischen Akteure Europas eilten nach Wien, um bei der großen Aufrechnung dabei zu sein, um ihre Rechte zu verteidigen, um Ansprüche zu erheben. Von den höchsten Souveränen mit ihrem Hofstaat, ihren Ministern und Kanzleien, den kleinen deutschen Fürsten, Mediatisierten bis zu den Vertretern der Hansestädte, der deutschen Buchhändler, der Judenschaft und einzelnen Gelehrten erschienen alle mit festumrissenen Wünschen, die der Erfüllung harrten.

Trotz der Fülle der zu lösenden Aufgaben hätte man glauben sollen, die Gegenwart aller beteiligten Fürsten und ihrer Minister würde in kurzer Zeit zum Ziele führen. Der Kongress dauerte jedoch wider Erwarten neun Monate.

Die glänzende Gastfreiheit des österreichischen Hofes, der ununterbrochene Festesrausch verbarg dem nicht eingeweihten Zuschauer das große Intrigenspiel der Beteiligten hinter der Szene. Die Einigkeit, aus Not geboren, war dahin, als man begann, die Beute zu teilen. Die unendliche Zahl der widerstrebenden Ansprüche schuf eine Atmosphäre des Misstrauens, ja, feindselige Stimmungen, die einmal sogar drohten, zum Kriege zu führen. England und Russland besonders hatten das stärkste Interesse, den Gang der Verhandlungen zu verzögern. Das Festprogramm des österreichischen Hofes, erst nur für wenige Wochen aufgestellt, musste wohl oder übel immer weiter ausgedehnt werden – bis zur Übersättigung aller Teilnehmer und nicht zuletzt der Wiener Bevölkerung. Kein Wunder, dass sich das Gedächtnis dieses Kongresses als eines „tanzenden" erhalten hat. „Le congrès danse, mais il ne marche pas", sagte der geistreiche Fürst von Ligne.

Die neuere Forschung hat diese Auffassung berichtigt und schätzt die positive Arbeit des Kongresses höher ein. Ihr Ergebnis ist aber niedergelegt in langatmigen Altenbänden, die nur für den Fachgelehrten Interesse haben. Eine Reihe von Fragen ist auch in direktem mündlichem Verkehr der Souveräne und Diplomaten erledigt, sodass das Urteil über das wirklich Geleistete höchst erschwert ist.

Die meisten Schilderungen der Zeitgenossen, vorzüglich derer, die den Kongress nur von außen sahen, halten sich naturgemäß mehr an die äußeren Begebenheiten, sodass ihre zum Teil vielgelesenen Darstellungen die Auffassung des Kongresses als eines „Zwischenaktes zwischen zwei Trauerspielen" begünstigt haben. Ihnen musste die prunkvolle Außenseite der glänzenden Versammlung zu ihrem wesentlichen Inhalt werden. Die Baronin Du Montet urteilte: „On fait de l'histoire maintenant avec des charades en spectacles, en paillettes, en jupons roses, et en domino."

Die hier vorliegende Zusammenstellung will in großen Zügen ein Bild des Kongresses geben. Sie nimmt die Farben dazu aus der Palette zeitgenössischer Autoren. Der Leser wird also weniger ein fein abgetöntes Gemälde, als ein Mosaikbild finden, oder anders ausgedrückt, das Buch enthält keine abgerundete Darstellung, sondern einen im

Zickzack geführten Kreis von Einzelheiten, die indessen durch ihre Wahl und Anordnung die wesentlichen Vorgänge des Kongresses wiedergeben wollen.

Wie kann es anders sein bei der Verschiedenheit der Verfasser nach Rang, politischer Stellung, Geschlecht und Bildung!

Da ist der glatte, gewandte Varnhagen von Ense als Hilfskraft Hardenbergs, der „undeutsche" Montgelas, bayrischer Ministerpräsident, der ganz deutsche und charaktervolle Freiherr vom Stein, damals in russischen Diensten stehend, der Generalsekretär des Kongresses Gentz, österreichischer Hofrat, der höchst brauchbare Beamte mit dem „verfaulten Charakter", der hochgebildete und arbeitsame Wilhelm von Humboldt, der gerade und ehrliche Erzherzog Johann, der erfahrene und gut beobachtende Finanzier Eynard, Sekretär der Vertreter von Genf, die Kongreßbummler Graf de la Garde, ein Abenteurer und Mann von zweifelhaftem Leumund, dessen Buch „Gemälde des Wiener Kongresses" aber die geschlossenste, wenn auch nicht einwandfreie Darstellung gibt, und der satirische Graf von Nostitz, russischer Oberst, der die Entwicklung der Dinge mit scharfem Verstand und vorurteilslosem Blick verfolgte, die geistvolle und natürliche Gräfin Bernstorff, Gattin des dänischen Staatsministers, die liebenswürdig plaudernde Baronin Du Montet und die junge lebenslustige, aber reif urteilende Gräfin von Thürheim: sie alle geben die Dinge wieder, gesehen durch das Medium ihrer Persönlichkeit.

Dabei sind einzelne der Aufzeichnungen unter dem Eindruck der Stunde entstanden, so bei Nostitz, Gentz, Humboldt, andere, wie die der Gräfin Bernstorff, aus der verklärenden Erinnerung späterer Dezennien. Die letztere schrieb auch nur für den engeren Familienkreis, der eitle und geschwätzige Graf de la Garde für jedermann.

Es ist versucht worden, solche Stellen auszuwählen, die sich nicht nur gut in den Zusammenhang fügten, sondern auch die Eigenart des Autors deutlich erkennen lassen.

Die Schilderung der politischen Vorgänge ist auf das Allernotwendigste beschränkt. Montgelas, der zwar selber nicht auf dem Kongress anwesend war, bot hier bequeme Zusammenfassungen. Schon die Ausführung der wesentlichen Probleme, geschweige denn die direkte Wiedergabe einzelner Verhandlungsabschnitte gehen weit über Rahmen und Absicht dieser kleinen Zusammenstellung hinaus.

Eine Geschichte des Wiener Kongresses fehlt noch, ist aber im Entstehen begriffen. Aus seinen Vorarbeiten dazu hat Fournier ein Buch über die Geheimpolizei auf dem Wiener Kongress veröffentlicht, das uns eine dunklere Kehrseite des glänzenden Kongressbildes aufdeckt. Einer bereits gut eingearbeiteten Polizei wurde die Aufgabe zuteil, „alles zu belauschen und zu bewachen, was da fremd war". Der österreichische Polizeiminister Baron Hager schrieb am 1. Juli 1814 an den Oberpolizeidirektor Siber: „Die bevorstehende Ankunft der fremden Souveräne erheischt vervielfachte Aufsichtsanstalten, wodurch man täglich zur Kenntnis alles dessen, was ihre a.h. Personen und ihre nächsten Umgebungen betrifft, aller jener Individuen, die sich ihnen zu nähern suchen, und der Pläne und Unternehmungen, die an diese hohe Gegenwart sich reihen dürften, auf eine möglichst umfassende Weise gelangen könnte. In dieser Absicht muss ich Ew. W. schon jetzt auffordern, nicht nur die besseren Vertrauten, welche ihnen schon zu Gebote stehen, dazu vorzubereiten, sondern für diese besondere Gelegenheit um neue Vertraute, oder solche Personen aus dem Handelsstande, aus den Honoratioren, auch aus dem Adel und Militär, sich zu bemühen, welche geeignet und geneigt wären, Ew.

W. oder mir alles, was sie in obiger Beziehung erfahren, schriftlich oder mündlich, ohne allen Verzug zu eröffnen …" Eine größere Reihe von „Konfidenten" von den höchsten bis in die niedrigsten Stände, bis zu Dienstboten derer, die beobachtet wurden, traten in den Dienst der Polizei. Papierkorb, ja sogar Aschenreste in den Kaminen mussten ihre Geheimnisse hergeben, die von den „Berichtlegern" der Polizei ausgehändigt wurden. Die Betroffenen wussten allerdings bald davon und suchten sich durch „chemisch operierte" Briefe und andere Mittel dagegen zu schützen.

So bietet der Wiener Kongress das Schauspiel einer Fürsten- und Diplomatenversammlung, die an Zahl der politischen Mitspieler, an äußerer Glanzentfaltung, in der gesteigerten Anwendung der überlieferten Mittel der Staatskunst – die hässlichsten nicht ausgenommen – alles Bisherige übertraf.

Als man die wesentlichsten Verhandlungsgegenstände erledigt hatte und einzelne Souveräne sich bereits zur Abreise anschickten, traf die Nachricht ein, dass der „Gebieter und Gefangene Europas" von Elba entflohen sei. „Der Kongress glich einem Schauspiel bei brennendem Hause, der letzte Akt wurde den Künstlern erlassen." Die erste Bestürzung wich bald tatkräftigem Handeln; man beeilte sich, die Verhandlungen zum Schluss zu führen, um, neugeeint, mit dem Schwert das Schicksal Napoleons zu vollenden.

In den Kriegen des 19. Jahrhunderts waren dieselben Kräfte tätig, die auf dem Wiener Kongress zu einem nur unvollkommenen Ausgleich gelangten. Die Nichterfüllung mehr oder weniger berechtigter Ansprüche gab den Anlass zu neuen kriegerischen Verwicklungen. Ja, selbst vom gegenwärtigen Weltbrand führen Entwicklungslinien zurück zu der politischen Lage vor hundert Jahren. Die bevorstehende Neuordnung Europas lenkt unseren Blick mit Recht auf den gleichen Vorgang, der im Wiener Kongress seinen vorläufigen Abschluss fand.

Dr. Karl Soll

Der Kongress, welcher dort (in Wien) zusammentreten sollte und dessen Eröffnung auf den 1. November anberaumt war, hatte über die wichtigsten Fragen zu verhandeln, welche jemals Europa beschäftigten, sodass der mit Recht berühmte Westfälische Friedenskongress sich dazu nur wie ein schwaches Schattenbild verhielt. Es handelte sich darum, alles neu zu gestalten, über das Schicksal von Deutschland, Italien und Polen zu entscheiden, feste Grundlagen des politischen Gleichgewichtes für die Zukunft zu gewinnen und ein Handelssystem in seinen Hauptzügen festzustellen. Fast alle Kaiser und Könige erschienen persönlich, begleitet von ihren Ministern und jenen Männern, die sie mit ihrem höchsten Vertrauen beehrten. Der Wiener Hof veranstaltete zu Ehren aller Anwesenden prachtvolle Feste und bewirtete die besonders Geladenen aufs glänzendste: Sie wurden in der kaiserlichen Burg bewohnt und mit aller ihrem hohen Rang gebührenden Auszeichnung behandelt. Ja, man darf dem Wiener Kongress wohl den Vorwurf machen, dass durch stets wiederkehrende Festlichkeiten die unausgesetzte Aufmerksamkeit, welche den dort zu behandelnden wichtigen Fragen gebührte, allzu oft zerstreut wurde. Die anwesenden Regenten ihrerseits suchten durch Einfachheit des Benehmens und Beteiligung an den Genüssen des Privatlebens den von der Majestät ihrer Stellung unzertrennlichen Glanz abzuschwächen; es ergaben sich jedoch daraus Verhältnisse, welche in den Augen des Volkes auch die ihnen gebührende Ehrfurcht minderten, die in. der Entfernung sich erhält, in zu großer Nähe leicht schwindet. Die Einwohnerschaft Wiens, bisher in den Anschauungen einer früheren Zeit befangen, sah sich mit Verwunderung enttäuscht, als sie in denjenigen, welche sie gewissermaßen als Halbgötter zu verehren pflegte, nur gewöhnliche Menschen kennenlernte. Gewisse Abenteuer mit Frauenzimmern wiederholten sich zu oft und wurden auch zu allgemein bekannt, wobei die Lächerlichkeit, welche von verschmähten Liebesdiensten unzertrennlich ist, nicht selten Personen berührte, bei denen solches nicht unbedenklich war und um jeden Preis hätte vermieden werden sollen.

Maximilian Graf von Montgelas.

***

Die Zeremonie, welche durch ihre Pracht und ihren Glanz eigentlich die Reihe der Wunder des Kongresses eröffnete, war der feierliche Einzug Alexanders und des Königs von Preußen.

Zahlreiche Ehrenabteilungen waren auf dem Wege aufgestellt, welchen die beiden Monarchen kommen sollten. Alle Truppen in Paradeuniform standen vor der Stadt zum festlichen Empfange. Der Kaiser, von seinen Oberoffizieren und hohen Staatsbeamten, den Prinzen und Erzherzogen begleitet, war seinen Gästen entgegengegangen. Die erste Zusammenkunft fand auf dem linken Ufer der Donau bei der Taborbrücke statt. Die liebreichsten und, wie es schien, aufrichtigsten Freundschaftsbezeugungen wurden ausgetauscht und alle drei gaben sich die Hände.

Eine unermessliche Menge von Menschen wogte an den Ufern des Flusses und erfüllte die Luft mit Jubelgeschrei. Gewiss war es ein außerordentlicher Anblick, diese Herrscher vereinigt zu sehen, die, zwanzig Jahre hindurch vom Geschicke geprüft, nun sich als Sieger dessen zeigten, der so lange Zeit nur siegreich gewesen, und selbst ganz erstaunt schienen über den so teuer erkauften, so unerwartet errungenen Triumph. Bescheiden, als alles ihren Stolz hervorzurufen geeignet war, schienen sie diesen Ruhm nur dem zuschreiben zu wollen, von dem aller Ruhm ausgeht, und auf diese Weise bei dem allgemeinen Erfolg einem jeden seinen Teil beizumessen. Denn sie waren es sich wohl bewusst, dass es zur Umstürzung des Kolosses übermenschlicher Anstrengungen bedurft hatte und dass das unverhoffte Glück, das sie zu dieser Triumphfeier vereinigt hatte, dennoch kein sicheres Pfand war für die Ruhe der Welt, für welche ihre Freundschaft zu bürgen schien.

Indessen stiegen die drei Monarchen in Galauniform bei Kanonendonner zu Pferde und setzten sich in Bewegung. Die unendliche Anzahl der Generäle,. welche ihre Suite bildeten und allen Nationen Europas angehörten, die kostbaren in dem Strahl der Sonne glänzenden Kostüme, das Freudengeschrei der Menge, der Glockenklang von allen Kirchen, der Schall von mehr als tausend Kanonenschüssen, der Anblick einer Bevölkerung, welche mit freudigem Zurufe die Rückkehr des Friedens begrüßte, die Vertraulichkeit der Herrscher, genug, alles trug dazu bei, einen der merkwürdigsten und pomphaftesten Eindrücke zu machen.

Der Einzug der Kaiserin von Russland, der am folgenden Tage stattfand, wurde durch Festlichkeiten von anmutreicherer Art gefeiert. Die Kaiserin von Österreich mit ihrem ganzen Hofstaat setzte sich in Bewegung und kam ihr eine große Strecke entgegen. Wenige Zeit darauf gingen die Kaiser gleichfalls zu ihrem Empfange. Bei der Kirche von Mariabrunn vereinigten sich die beiden Aufzüge. Eine niedergeschlagene Kutsche erwartete die Kaiserinnen, und ihre erhabenen Gatten stiegen mit ihnen hinein. Eine Abteilung von den ungarischen Husaren, eine andere von Ulanen und eine Menge von Pagen zu Pferde umgaben sie. Am Tore der Burg empfingen sie junge, weißgekleidete Mädchen und überreichten ihnen Blumenkörbchen. Eine unermeßliche Menge scharte sich um die Eingänge zu dem Kaiserpalast, und jeder bewunderte die ungenierte Herzlichkeit, das von aller Etikette absehende Wohlwollen, das sich in den Mienen der hohen Personen abspiegelte, die sonst so wenig an den Umgang mit ihresgleichen gewöhnt sind.

Graf de la Garde.

***

Ich hatte Wien oft und in günstigen Zeitpunkten gesehen, aber diesmal erkannte ich kaum die Stadt wieder. Die Volksmenge schien verdoppelt; Bewegung und Gedräng überall, und was für Bewegung und Gedräng! Der höchsten, vornehmsten Gäste, der namhaftesten, ausgezeichnetsten Personen, aus allen Gegenden hierher zusammengeströmt, aus den gebildeten, ansehnlichen, reichen Klassen. Europa hatte den Glanz seiner Throne und Höfe, das Machtansehen seiner Staaten, die Spitze seiner politischen und militärischen Verherrlichung, die höchste Bildung seiner Geselligkeit, ja, die reichsten Blüten aller Vornehmheit, Schönheit, der Kunst und des Geschmacks hierher geliefert, in dem Glück und Stolze des Sieges, in der Frische der Hoffnungen, des Eifers, meinetwegen auch des Wahnes, in der vollen Spannung allgemeinster sowohl als persönlichster Erwartungen. Und dies Gewühl fremden und neuen Lebens mischte sich zu dem heimischen und altgewohnten der Kaiserstadt, welche durch großweltliche Üppigkeit wie durch volkstümliche, durch Pracht und Behaglichkeit und durch die Macht ihres ganzen Eindrucks allem aus der Fremde Herangedrungenen doch überlegen blieb und ihre Sinnesart, Neigungen, Redeweise mit sanfter Gewalt unwiderstehlich mitteilte. Ich brauche nicht zu erwähnen, dass der Kaiserliche Hof für die große Anzahl seiner hohen Gäste mit ihrem mannigfachen, kaum übersehbaren Anhang und Gefolge die glänzendste Aufnahme und reichste Bewirtung darbot; diese durch viele Monate gleichmäßig fortgeführte und nur etwa durch besondere Festlichkeiten unterbrochene Anordnung setzte durch den Umfang und die Gediegenheit der, wie es schien, ohne Anstrengung aufgebotenen Hilfsmittel in Erstaunen; doch hatten sich Fremde und Einheimische dies nach vorhandenen Maßen allenfalls vorstellen können. Was ich aber hervorheben muss, was man sich nicht genug vergegenwärtigen kann, wenn man es nicht durch Anschauung erlebt hat, ist die Atmosphäre des Wiener Lebens, das Element, in welchem hier die Tage hinschwimmen; die heitere, auf derben Genuss gerichtete Sinnlichkeit, die stark ansprechende Scherz- und Lachlust, die vergnügte, von Wohlbehagen genährte Gutmütigkeit, der schon halb italienische Müßiggang und die dazugehörige schon halb italienische Laune, die naive ausdrucksvolle Mundart, so rundlich bequem hinzuwälzen und doch so leicht den scharfen Witz zuzuspitzen, – diese Mundart, die etwas von ihrem Wesen jeder anderen deutschen und auch der höchsten Sprachbildung unwiderstehlich mitteilt, und so viele andere Weisen und Gebilde dieses altbestehenden Phäakenlebens, – alles dies gehört so eigentümlich zu dem Wiener Kongresse, zu dessen bestimmter Physiognomie, dass er ohne diese gar kein zuverlässiges, lebendiges Bild mehr liefert. Dass dieses Element bis in die politischen Verhandlungen und Beschlüsse unmittelbar eingedrungen und auch dort seine Spur nachzuweisen sei, möchte sich schwerlich behaupten lassen, da vor der diplomatischen Schärfe ohnehin keine volkstümliche Farbe so leicht unzersetzt besteht; aber mächtig gewirkt hat dieses Element sicher auf alle Personen, die darin geatmet, und also gewiss auch mittelbar auf die Geschäfte, welche von diesen Personen geführt worden, und vielleicht in dieser Hinsicht am bedeutendsten ist der Wiener Kongress eben der Wiener! –

Nicht bloß der Abend, fast jede Tageszeit hatte ihre besondere Schaulust. Frühmorgens zogen die Truppen zu Paraden und Kriegsübungen aus, wobei sehr oft die Monarchen selbst in zahlreicher Begleitung erschienen und durch ihre Beeiferung gern einen Stand und ein Fach ehrten, dem sie ganz persönlich angehören wollten. Die Mittagszeit bot häufig die auserlesensten Musikaufführungen, worin von jeher Wien durch die außerordentlichsten Hilfsmittel, sowie durch wahre Liebe und großartige Pflege der Kunst sich hervortat. Solange das Wetter günstig blieb, war die Bastei der allgemeine Versammlungsort zum Spazierengehen. Hier sah man Arm in Arm den Kaiser Alexander mit dem Prinzen Eugen von Beauharnais, den Fürsten von Metternich mit dem Herzog von Koburg, in Haltung und Benehmen die schönsten Erscheinungen, die man sehen konnte. Dagegen schritten Lord und Lady Castlereagh am hellen Sonnenlichte wie zum Maskenball einher, nicht merkend, wie sehr sie bemerkt wurden. Die beiden Großfürstinnen, Katharina, verwitwete Herzogin von Oldenburg, und Maria, Erbgroßherzogin von Sachsen-Weimar, geliebte Schwestern des Kaisers Alexander, gewährten das schönste Bild der mit herrscherlicher Hoheit vereinten Frauenhuld und Liebenswürdigkeit, und nicht ohne freudigen Anteil vernahmen diejenigen, welche in der Großfürstin Katharina die seltenste Begabung geistigen Hochsinns und leuchtenden Verstandes näher zu würdigen imstande waren, dass diese Prinzessin aufs neue Landesmutter zu werden bestimmt sei; ein Name, den sie als Königin von Württemberg später im wahrsten Sinne großartig bewährte; leider sollte der schöne Beruf dieses Lebens von nicht langer Dauer sein! Glücklicher war hierin Weimar; noch heute strömen ihm ununterbrochen die Segnungen des Ernstes und der Anmut, welche sich dem Dasein und Wirken einer hohen Frau verbinden, von der Goethe mir einst mit Wahrheit schreiben konnte, dass sie jeden Stand zu erhöhen geeignet gewesen wäre und selbst auf dem höchsten noch persönliche Bewunderung erregt. Ferner sah man den zwar im letzten Kriege nicht zur Befehlsführung berufenen, aber darum nicht minder in Ruhm strahlenden Erzherzog Karl; den tapfern, so ritterlichen als freisinnigen Prinzen Wilhelm von Preußen; den in frischestem Kriegsruhme ausgezeichneten Kronprinzen von Württemberg mit dem Freiherrn vom Stein; den schon früh für das Vaterland wie für Kunst und Bildung erglühten Kronprinzen von Bayern mit dem Sieger von Hanau, dem Feldmarschall Fürsten von Wrede; den Großherzog von Baden, jung, blass, ungünstig angesehen, und wie zum Opfer vorherbestimmt; die Herzogin von Sagan nebst ihren Schwestern; den Grafen und die Gräfin von Bernstorff, letztere eine der ersten Schönheiten des Kongresses; die Grafen Kapodistrias und Pozzo di Borgo[1]; den Kardinal Consalvi[2] und an seiner Seite Bartholdy, der ihm die Menschen und Verhältnisse erklärte; den jungen Marquis von Custine mit dem Grafen von Noailles[3]; den Großherzog von Sachsen-Weimar, auch hier der leutselige Fürst voll geistiger Aufmerksamkeit und menschenfreundlichen Sinns; – doch jedes Aufzählen ist hier ein törichter Versuch, und mit einem Worte, ganz Wien und der ganze Kongress flossen hier in bunter Mischung durcheinander, und man konnte die Bastei eine diplomatische Börse nennen, wo auch die Geschäfte gar nicht zur Sprache kamen. Nur Gentz und Humboldt, bemerkte man, wurden nie-

---

1 Russische Staatsmänner.
2 Vertreter des Papstes.
3 Vertreter Frankreichs.

mals dort gesehen, worin man etwas Bezeichnendes finden wollte. Dagegen versuchte der badische. Forstjunker von Drais in diesem bunten Gedränge seine fußgetriebenen Wagen und seine damals neuerfundenen Draisinen, welche der Großherzog von Weimar die fahrende Ritterschaft unserer Tage nannte, und in denen der Doktor Jassoy deutliche Sinnbilder der Kongressbewegung sehen wollte.

Varnhagen von Ense.

***

Um diese Könige zu unterhalten, die seit zwanzig Jahren wohl der Bilder von Gefechten hätten überdrüssig sein können, hatte man in Wien 20.000 Grenadiere kantoniert. Es wurde auch von der Bildung eines Lagers von 60.000 Mann gesprochen, die große Manöver ausführen sollten. Die prächtige Nobelgarde war durch junge Männer aus den angesehensten Familien der ganzen Monarchie beträchtlich vermehrt worden. Alle Truppen waren ganz neu gekleidet: man wollte nicht, dass die Spuren des Krieges noch die Augen beleidigten bei einem Feste, das ganz und gar dem Frieden und der Freude geweiht sein sollte. Die herrlichsten Pferde waren aus allen deutschen Gestüten herbeigebracht worden. Die Großwürdenträger der Kronen hatten jeden Tag offenen Tisch für die bedeutenden Personen, welche die Souveräne begleiteten.

Der Hof hatte die Tänzer und Tänzerinnen von der Pariser Oper berufen; das Personal des kaiserlichen Theaters war verstärkt worden und die berühmtesten Schauspieler Deutschlands hatten in neuen, der allgemeinen Freude des Augenblicks angepassten Stücken die Pflicht, das Vergnügen stets in Atem zu erhalten.

Der Kaiser Franz hatte in seinem Palast seine erhabenen Besucher aufgenommen. Man zählte damals zwei

Kaiser, zwei Kaiserinnen, vier Könige, eine Königin, zwei Kronprinzen, der eine ein kaiserlicher, der andere ein königlicher, zwei Erzherzoginnen und drei Prinzen, die in der Burg wohnten. Die junge Familie des Kaisers war genötigt gewesen, nach dem Schlosse zu Schönbrunn zu ziehen. Durch die Neuheit des Schauspieles angezogen, drängte sich stets eine Menge Menschen an den Zugängen der Burg, begierig, die Züge der Hauptpersonen bei einer Zusammenkunft zu sehen, welche in den Annalen der Geschichte einzig ist.

Um von der Größe der Ausgaben des Wiener Hofes einen Begriff zu geben, genügt es, wenn man hört, dass der kaiserliche Tisch täglich 50.000 Gulden kostete: das hieß wahrhaft kaiserlich offene Tafel halten. Man kann sich daher nicht wundern, dass die durch die Festlichkeiten verursachten Kosten des Kongresses während der fünf Monate, die er gedauert, sich auf 40.000.000 Franken belaufen haben. Vertrug sich wirklich der ernste Zweck dieser großen Versammlung, die schwierige Lage der Umstände mit dieser fröhlichen Verschwendung gleich nach dem Ende eines Krieges, der alle Quellen des Reichtums und des Vergnügens erschöpft zu haben schien?

Wenn man zu den Ausgaben des Hofes noch die von mehr als siebenhundert Abgeordneten hinzufügt, kann man sich einen Begriff machen von dem ungeheuren Verbrauch der Stadt Wien und der Menge von Wechseln und Geld, die im Umlauf waren. Der Zufluss von Fremden war so stark, dass alle Gegenstände, besonders Brennholz, auf unglaubliche Weise im Preise gestiegen waren. Daher sah sich auch die österreichische Regierung in die Notwendigkeit versetzt, allen ihren Beamten Gehaltszulagen und Entschädigungen zu bewilligen.

Die Einbildungskraft erschöpfte sich, jeden Tag neue Feste zu veranstalten: Banketts, Konzerte, Jagdpartien,

Maskenbälle, Karussells. Nach dem Beispiele des Hauptes ihrer hohen Familie hatten sich alle österreichischen Prinzen in die Rollen geteilt, um auf würdige Weise ihren edlen Gästen die Honneurs von Wien zu machen. Man war so darauf bedacht, die Reihe von Vergnügungen nicht zu stören, dass der Hof nicht einmal Trauer für die Königin Marie Karoline von Neapel anlegte, und dennoch hatte diese letzte Tochter Maria Theresias ihr bewegtes Leben schon vor dem Einzug der Souveräne in Wien beschlossen. Man vermied es, ihr Ableben offiziell zu notifizieren: man wollte die Vereinigung zu Sorglosigkeit und Freude nicht durch düstere Farben trüben lassen.

Um den Verlegenheiten des Zeremoniells und der Fragen über den Vorrang zu entgehen, beschlossen sie einstimmig, dass das Alter allein maßgebend sein solle, sowohl beim Eintritt wie beim Ausgang aus den Zimmern, auf den Spazierritten wie den Spazierfahrten. Dem Kaiser Alexander verdankt man, wie man sagt, die erste Anregung dieser Maßregel. Demgemäß wurde der Rang nach den Jahren auf folgende Weise festgestellt:

1. Der König von Württemberg, geboren i. J. 1754.
2. Der König von Bayern, geboren i. J. 1756.
3. Der König von Dänemark, geboren i. J. 1768.
4. Der Kaiser von Österreich, geboren i. J. 1768.
5. Der König von Preußen, geboren i. J. 1770.
6. Der Kaiser von Russland, geboren i. J. 1777.

Aber diese Rangordnung wurde nur bei den Lustbarkeiten befolgt; bei den offiziellen Beratungen des Kongresses erschienen die Souveräne nicht in Person.

Eine ihrer ersten Höflichkeiten war, dass sie sich gegenseitig die Großkreuze ihrer Orden gaben. Man konnte sich kaum zurechtfinden unter allen diesen Dekorationen von allen Formen und Benennungen, von den Kalenderheiligen an bis zu den seltsamsten Titeln, wie: der Elefant, der Phönix, der schwarze, rote und weiße Adler, das Schwert, der Nordstern, der Löwe, das Vlies, das Bad (Bath) usw. Das war ein Austausch, der ein Vorspiel bildete zu wichtigeren, Geschenken von Königreichen, Provinzen oder einer gewissen Anzahl Seelen. Man erwähnte außer anderen Zeremonien dieser Art besonders die, welche stattfand, als der Lord Castlereagh von Seiten seines Souveräns dem Kaiser von Österreich den Hosenbandorden zustellte. Der Fürst von Ligne, welcher einer der Zuschauer dabei war, sagte mir, dass diese Feierlichkeit mit vieler Würde und Pracht vollzogen worden sei. Sir Isaak Heart, der erste Waffenherold des Ordens, war eigens dazu von London abgesendet worden. Er bekleidete den Kaiser mit jedem einzelnen Stücke des Kostümes des Ordens und umgürtete ihn mit dem so ehrgeizig begehrten Hosenbande; darauf überreichte ihm Lord Castlereagh die Ordensstatuten. Um sich für diese Courtoisie zu bedanken, beeilte sich der Kaiser, den Prinzregenten und den Herzog von York, seinen Bruder, zu Feldmarschällen zu ernennen.

Nachdem auf dem Gebiete der Orden alles erschöpft war, begannen die Herrscher sich Regimenter in ihren Armeen zu verleihen. War das Geschenk einmal gemacht, so hielt man es für Ehrenpflicht, sich sofort in der Uniform des verliehenen Regimentes zu zeigen. Man beeilte sich, das Muster der Uniform zu verschaffen: denn es durfte nicht das Geringste fehlen. Daher setzten sich sogleich die Schneider mit den Lieblingsadjutanten in Bewegung, begaben sich zudem Aufbewahrer der kostbaren Uniformen und studierten alles bis ins geringste Detail; dann begann die Arbeit, eine ganz friedliche Arbeit unter kriegerischem Anscheine, und erreichte ihre Endschaft mit einem vollständigen Anzuge vom Sporn am Stiefel bis zum obligaten Helmbusch.

Graf de la Garde.

***

Morgens machen die Könige Spaziergänge zu Fuß, wenn sie nicht Soldat spielen; gibt es weder große Revuen noch Jagden, so machen sie Besuche; sie leben als Junggesellen. Abends sind sie in großer Uniform, sie funkeln auf den wahrhaft feenhaften Festen, die ihnen der Kaiser von Österreich gibt. Er, so einfach und zurückhaltend, ist prachtliebend und glänzend im Empfang, den er ihnen macht. Jeder Herrscher, jeder Fürst oder Kronprinz hat Hofwagen, berittene Wache, ausgezeichnete Pferde; alle diese Gefolge sind schön, elegant; alles ist glänzend, alles ist neu; und unter der Direktion des Oberstallmeisters, Fürst von Trautmannsdorff, kreuzen sich diese fürstlichen Equipagen in allen Richtungen, ohne dass es jemals Verwirrung oder Vorfälle gäbe. Abenteurer, berühmte Kurtisanen mischen sich in dieses ganze Treiben; schöne und kluge Frauen werden von Monarchen angebetet, ohne dass ihr Ruf darunter leidet, denn hier gibt es noch ritterliche Leidenschaften; Geschwätz, Klatscherei sind königlich, oder doch wenigstens fürstlich. Die Geschichte ruht aus, die Herrscher amüsieren sich, sie sind auf Ferien und genießen restlos ihren Urlaub. Es gibt mehr Elemente und Ideen von Gleichheit in der Welt als man sich vorstellt: die Fürsten machen den Künstlern den Hof; die Männer von Talent spielen die Wichtigen und sind familiär mit den Potentaten. Niemals haben so viel Diamanten, Perlen, kostbare Steine in der Sonne oder im Kerzenlicht gefunkelt, niemals gab es so viel Blumen, Spitzen, Federn, Samt, Atlas, niemals eine Gesellschaft von hübscheren und schöneren Frauen und eleganteren Männern.

Baronin du Montet.

***

Das Gegenstück zu den Hoffesten war der Anblick der Hofküche in der Kaiserburg. Wenigen war eingefallen, die Werkstätte zu besuchen, wo die Tafelfreuden für so viele Kaiser, Könige, Fürsten und deren Gefolge bereitet wurden; den Urquell dieser Zauberwerte musste ich betrachten. Einladend für den Genuss war der Anblick keineswegs. Da lagen die Leichen von Vögeln, von Fischen, von vierfüßigen Tieren unabsehbar aneinander gereiht. Mehrere Flammenpfuhle empfingen sie zu weiterer Bereitung. Köche, Küchenjungen liefen wie im Gewühle durcheinander, gegeneinander, indessen die Oberköche über ihren Schüsseln, wie über Systemen brütend, mischten und trennten, formten und zerstückten, und die Kunst dem toten Tiere, dem reinen Naturstoffe, einen dem Geschmacke, Geruche und Gesichte gefälligen Reiz verlieh. Übrigens ward in dieser Küche nicht allein für die Bewohner der Kaiserburg, sondern auch für viele ihres Gefolges außerhalb selbiger, welche ohnedies noch das Recht, Gäste einzuladen, hatten, gekocht, gebraten, gebacken. Man versicherte: dem Kaiserhofe koste jeder Kongresstag 500.000 Gulden, und eine der Provinzen, welche der Friede gegeben, war durch die Verhandlung über selbige wohl wieder verzehrt worden.

Graf Hans von Schlitz.

Über den Helden der Wiener, den Kaiser Alexander von Russland, schrieb ich folgendes: „Der Graf von Kapodistria, mehr wie jeder andere berufen, das Innerste seines Herrn zu kennen, erzählte uns oft von diesem. Nach ihm ist der Kaiser geistreich, es fehlt ihm aber der Überblick, der sogenannte *coup d'œil*. Er misstraute auch seiner Umgebung und ließ sich lieber von anderen führen. Doch war er durchaus gut und edel und wollte das Gute nicht allein in seinem Reiche, sondern in der ganzen Welt verbreiten, ‚son cœur eût embrassé le bonheur du monde'. Er verwirklichte in sich die Träume der Philosophen in Bezug auf Menschenliebe, aber ihre Utopien über das Glück der Völker gründeten sich auf die Vollkommenheit sowohl der Untertanen, wie auch der Fürsten. Da aber Alexander nur zur Hälfte diese Bedingungen erfüllen konnte, so blieb das Werk unvollendet, und der arme Kaiser starb, ein Opfer seiner edelmütigen Illusionen. Die schreckliche Katastrophe, welche seine Thronbesteigung brandmarkte, und in die er ohne seinen Willen infolge einer gemeinen Hinterlist mitverwickelt wurde, hatte in seinem Gewissen einen dunklen Fleck hinterlassen, der nie verschwand. In feurigen Lettern las er in seinem Herzen das Wort: ‚Vatermörder'.

Metternich hasste Alexander, was dieser ihm redlich zurückgab. Diese zwei Männer konnten sich nicht verstehen. Das folgende Porträt des Kaisers erklärt den Hass des Ministers, während die Unverlässlichkeit Metternichs, die Alexander kannte, und seine Kniffe, von denen er etwas später Beweise erhielt, die Abneigung des Kaisers begründet erscheinen lassen.

„Die Gesichtszüge Alexanders sind nicht regelmäßig, trotzdem bilden sie ein hübsches Ganzes; die Augen liegen tief, verraten aber Witz und Munterkeit, die Nase ist etwas à la Kalmück, der Mund klein und wohlgeformt und die Zähne auffallend weiß. Seine Gestalt ist sehr majestätisch, doch hält er sich, wohl infolge seines hohen Militärkragens, vorgebeugt und schaukelt den Körper beim Gehen, um sich ein ungezwungenes Aussehen zu geben. Der Ausdruck seiner Züge zeigt ein Gemisch von natürlichem Stolz und ihm fremder Leutseligkeit. Der Blick ist hart, doch das Lächeln hinreißend. Anfangs, wenn der Kaiser seine Rolle spielt, glaubt man eine Charakterfigur vor sich zu haben, wenn er sich dann aber gehen lässt, merkt man seine Mittelmäßigkeit, ja, er macht den Eindruck eines ‚guten Kerls‘, und das dürfte auch der Kern seines Innersten sein. Die französische und deutsche Sprache spricht er ohne den geringsten Akzent, seine Konversation ist keineswegs besonders geistreich; seit seiner Ankunft in Wien weiß man von ihm kein einziges ‚mot saillant‘, während man sich in Paris, wo man ihn vergötterte, eine Unzahl Bonmots erzählte, die Alexander gesagt haben sollte. Nur über militärische Themen lässt er sich in längere Gespräche ein und wiederholt bei jeder Gelegenheit die Phrase: ‚Wir Soldaten‘, womit er Metternich ärgern will, der nichts weniger als Soldat ist. Mit Offizieren ist er besonders liebenswürdig und begrüßt die einfachsten Leutnants mit dem Ehrenworte: ‚Freunde und Brüder‘.

Alexander ist ungemein fleißig, sein Staatssekretär Nesselrode behauptet, es bliebe ihm nichts zu tun übrig. Übrigens ist die Politik des Kaisers nicht sehr kompliziert, sie gipfelt darin, Polen zu bekommen. Weder der Widerstand mehrerer Kabinette, noch die Kniffe eines Metternichs, Talleyrands und Castlereaghs konnten ihm ein Jota seiner Wünsche abringen. Man glaubt, dass er erst aus Langeweile und wenn er die Geduld schließlich verliere, in dem nachgebe, was er vorher trotzig verweigerte. Will man ihn solange blockieren, so kann aber das Resultat auch sein, dass die Belagerer aus Hunger sterben! Eines Tages sagte er zu Kaiser Franz: ‚Ich sehe es kommen, dass wir uns innerhalb zwei Jahren die Kriegserklärung zuschicken, wenn wir kein Arrangement treffen können.' Unser Kaiser antwortete darauf sehr mutig: ‚Nicht in zwei Jahren, Majestät, sondern augenblicklich, wenn es Ihr Wunsch ist.'

Inmitten der Verführungen und Liebesaffären der Kongresszeit müssen wir das reine Verhältnis bewundern, das Kaiser Alexander mit der Fürstin Gabriele Auersperg, geb. Prinzessin Lobkowitz, und den König von Preußen mit der schönsten Frau Wiens, der Gräfin Julie Zichy, geb. Festetics, verband. Gabriele Auersperg war Witwe und genoss den Ruf einer tugendhaften Frau. Ihre Schönheit und ihr Verstand galten aber als höchst mittelmäßig. Kaum zwanzig Jahre alt, war sie bereits seit zwei Jahren Witwe.

Gut, einfach, und trotz ihrer kaiserlichen Eroberung sehr bescheiden, hielt sie das Herz Alexanders während der ganzen Zeit des Kongresses und auch später in Fesseln. Viele Wiener Damen, die vermutlich die Taktik des Widerstandes überhaupt nicht kannten, behaupteten, dass der Kaiser es nie ernstlich versucht habe, die Festung zu erobern, andere wieder erklärten spöttisch, die schöne Gabriele treffe kein Verdienst, da sie kalt und leidenschaftslos gewesen sei. Ich bin der Ansicht, dass sich beide Teile täuschen. Die Tatsache nämlich, dass man es versuchte, das Schlafzimmer der Fürstin trotz der Riegel zu öffnen, dass man ein unscheinbares Möbelstück im anstoßenden Salon entwendete, ohne dass sonst irgendein Wertgegenstand fehlte, wirbelte viel Staub auf und setzte die ganze Polizei in Bewegung. Dieser Einbruch bewies eine an Verwegenheit grenzende Kühnheit. Da aber Diebe nicht die Gewohnheit haben, in die Paläste der Prinzen einzudringen, vor den Türen der Prinzessinnen zu lauern, und statt Gold und Silber eine kleine Porzellanvase davonzutragen, so musste ich, wie jedermann, über diese angebliche Diebsgeschichte lächeln. Die Polizei erwischte auch keinen Einbrecher, und die Tür des Schlafzimmers wurde nicht geöffnet. Was die Gleichgültigkeit der Fürstin Alexander gegenüber anbelangt, so beweist eine andere Tatsache, dass die schöne Frau schwere Seelenkämpfe auszufechten hatte. Am Tage der Abreise des Kaisers überraschte sie eine Freundin in ihrem Toilettezimmer tränengebadet auf den Knien liegen. ‚Helas, ce ne sont pas toujours les remords, mais les regrets', meinte Gräfin Fifi Palffy-Ligne, als sie von ihrer Jugend sprach."

Gräfin Lulu Thürheim.

***

Das Äußere des Kaisers von Österreich ist sehr alltäglich und flößt keinen Respekt ein; er ist klein, mager, schlecht gebaut; er ist schwerfällig im Ausdruck und bei allem merkt man die Schwäche seines Körpers und seines Charakters. Wenn man den Kaiser sieht, verwundert man sich nicht mehr, dass er sich solange und sooft dem Einflusse Napoleons gebeugt hat. Der erste Eindruck, den man empfängt, ist so ungünstig wie möglich, aber je mehr man den Kaiser kennenlernt, je mehr man ihn aus der Nähe beobachtet, desto mehr liebt man ihn; man entdeckt tausenderlei Kleinigkeiten, die ihn bei seinem Volke beliebt machen müssen, und schließlich muss man anerkennen, dass er sich dem Glücke seines Volkes stets geopfert hat. Der Kaiser von Österreich kann große politische Fehler begangen haben, aber er hat sie nur zu dem Zwecke gemacht, um seine Untertanen vor Unglück zu bewahren. Die Natur, die dem Kaiser von Österreich Talente versagt hat, hat ihn zu einem ausgezeichneten Menschen gemacht; als er gesehen hatte, dass er Frankreich nicht mehr bekämpfen konnte, ist er der Notwendigkeit gewichen, keineswegs aus Charakterschwäche, sondern einzig und allein, weil er überzeugt war, dass jeder Widerstand unnütz war. Jetzt wieder versucht der Kaiser, in dem einzigen Ziel, sein Land vor Elend zu bewahren, alle Mittel der Versöhnung, um die Herrscher zu gewinnen, die auf dem Kongress anwesend sind; er überschüttet sie mit Freundschaftsbeweisen und will sie durch Sanftmut gewinnen. Der Kaiser verachtet die Feste, er ist krank, wenn er lange aufbleibt, und dennoch, um seinen erlauchten Gästen zu gefallen, wohnt er fortgesetzt den Bällen, Konzerten, Redouten bei, die er ihnen andauernd gibt.

Das Volk von Wien liebt seinen Herrscher, und überall, wo er sich zeigt, wird er mit Begeisterung aufgenommen; der Kaiser steht um sechs Uhr auf, und von sieben bis zehn Uhr morgens gibt er alle Tage seinem Volke Audienz; jedermann wird ohne alle Förmlichkeiten zugelassen; wenn irgendein Unfall sich in einem Stadtviertel ereignet, begibt sich der Kaiser sofort dahin; niemals findet eine Feuersbrunst statt, ohne dass der Kaiser nicht sogleich dahineilt, selbst beim stärksten Frost oder mitten in der Nacht.

Der Kaiser von Österreich, der alle Vorzüge eines vollkommenen Ehrenmannes besitzt und den man als ein Muster häuslicher Tugenden anführen kann, ist durchaus nicht dazu geschaffen, ein großes Kaiserreich zu regieren; in einer Zeit der Krise besitzt der Kaiser nicht genug Charakter, es fehlt ihm an Festigkeit und er kann nie einen selbständigen Entschluss fassen; sein Urteil ist gesund, aber er hat kein Zutrauen dazu. Bevor er sich für die einfachste Sache entschließt, holt er Ratschläge ein.

Jean-Gabriel Eynard.

***

Neben Alexander trat König Friedrich Wilhelm III. auf, auch eine Heldengestalt, aber ebenso schlicht, männlich und einfach wie sein kaiserlicher Freund glänzend und anmutig. Er imponierte durch seine ernst-militärische Haltung, und die Steifheit und Strenge im Ausdruck bezog man gern auf die Trauer um seine heimgegangene Königin. Von diesen beiden Herrschern wende ich mich zu dem Fürsten, der unseren Herzen am nächsten stand, dem guten Dänenkönig Friedrich VI. Mit einiger Besorgnis sahen wir seinem Auftreten entgegen. Stand doch der als Mensch so vortreffliche Monarch in dem wohl nicht unbegründeten Ruf, das Unglück, das ihn während seiner langen Regierung verfolgt hatte, zum Teil selbst verschuldet zu haben; außerdem hatte er sich durch die Bundesgenossenschaft mit Frankreich die allgemeine Ungunst zugezogen. Dazu kam seine fast abstoßende äußere Erscheinung. Aber die schlichte Freundlichkeit seines Wesens, seine heitere, anspruchslose, liebenswürdige Haltung gewannen ihm bald die Herzen und sicherten ihm eine ehrenvolle Anerkennung.

Nun bleiben mir noch zwei Könige, zwei Großherzoge und drei Herzoge zu schildern. Von allen habe ich nur wenig zu sagen. Der König Max Joseph von Bayern schien mir ein jovialer, treuherziger, der von Württemberg, Friedrich, ein sehr dicker, verschmitzter Herr. Der Großherzog Karl von Baden sah unangenehm aus und war wenig mitteilend, der von Weimar, Karl August, stand im Ruf, sehr ausgezeichnet und ein Protektor aller Künste und Wissenschaften zu sein, zeigte sich aber bald als ein sehr liberal gesinnter Fürst. Der Herzog Friedrich Wilhelm von Braunschweig-Öls trat zwar mit Lorbeeren gekrönt, aber in einer nicht anziehenden Gestalt, mit einem nicht einnehmenden, etwas scheuen Wesen auf, der Herzog Ernst von Koburg dagegen mit eitlem Anspruch auf Schönheit. Gegen den Herzog Friedrich Wilhelm von Nassau-Weilburg, der ein sehr gebildeter und sehr angenehmer Mann war, hegte man das Vorurteil, als sei er noch ein heimlicher Franzosenfreund. Der Erbprinz Leopold von Dessau und sein Bruder Georg weilten als jugendliche Zuschauer in Wien. Die beiden Kronprinzen von Bayern und Württemberg standen sich beinahe feindlich gegenüber. Der Kronprinz von Württemberg war mit Charlotte, der zweiten Tochter des Königs von Bayern, vermählt und betrieb gerade jetzt die Scheidung, um seine erste Liebe, die Großherzogin Katharina Paulowna, seit 1812 verwitwete Herzogin Georg von Oldenburg, zu heiraten. Dazu kam noch in Wien eine Art von persönlicher Rivalität zwischen beiden.

Die Prinzen Wilhelm und August von Preußen nahmen sich sehr gut, sehr stattlich aus. Der Prinz Wilhelm von Holstein-Beck, Schwager des Königs von Dänemark, war ein hübscher, lieber, stiller Mann, der sich nur zu sehr nach der Wiege seiner Kinder zurücksehnte. Prinz Leopold von Sizilien, später immer Prinz von Salerno genannt, dem man die Herzensgüte auf einem hässlichen Gesicht ansah und der in dem Rufe stand, recht viel Kenntnisse zu besitzen, war dennoch der Schreck der Damen durch sein bärenhaftes Tanzen. Die Erzherzoge alle traten nicht nur mit großer Bescheidenheit auf, sondern drängten sich aus natürlicher Blödigkeit so viel wie möglich in den Hintergrund. Mit den meisten von ihnen habe ich keine Art von Bekanntschaft gemacht. Von den vielen Brüdern des Kaisers Franz nenne ich nur Erzherzog Johann und Erzherzog Karl, den Sieger von Aspern, den man trotz seiner Hässlichkeit mit hohem Interesse ansah; er wechselte auch zuweilen einige freundliche Worte mit mir. Erzherzog Ferdinand von Este, jüngster Bruder der dritten Gemahlin des Kaisers Franz, Marie Luise Beatrix von Modena, war der einzige Tänzer unter den Erzherzogen; ein recht artiger angenehmer Mann. Er war ein Enkel der Kaiserin Maria Theresia; sein Vater Ferdinand hatte die Erbin der Häuser Este, Beatrix, geheiratet und war der erste Herzog von Modena aus dem Hause Österreich. Von dem Erzherzog-Thronfolger Ferdinand erzählte man sich allerhand Geschichten; unter anderen erinnere ich mich, wie seine Nachbarin bei einem Souper, wo er sich hin verloren hatte, ihm nachsprach: „Da schlogt's schon zehn Uhr, ek doch, nun schloft der Papa schon, nun schloft die Mama, nun schloffen sie alle! Ha, ha!"

Gräfin Elise von Bernstorff.

***

Inmitten dieser glänzenden und galanten Prinzen verbarg sich demütig und bescheiden der König von Sachsen, ein Opfer seiner Bundestreue für Napoleon Bonaparte. Des größten Teils seiner Länder verlustig, seiner Generäle und Soldaten beraubt, die offen zum Feinde übergegangen waren, suchte er Gerechtigkeit, oder doch wenigstens einen Trost im Gebet. Die Besucher der Messe und Vesper konnten ihn häufig im Stephansdom in einem Winkel kniend finden, mit einem unscheinbaren braunen Mantel bekleidet, den König der Welten anflehend, ihm die nötige Geduld zu verleihen, um die Intrigen der Könige der Erde ohne Murren über sich ergehen zu lassen.

Zwei andere Majestäten lebten auch traurig und verbannt in der Nähe von Wien, die Kaiserin Marie Luise in Schönbrunn und die Königin Karoline von Neapel in Hetzendorf. Verlassen im Unglück, tröstete sich die erstere mit den zarten Huldigungen des Grafen Neipperg, während letztere, weniger philosophisch, energisch, wenn auch vergeblich das Königreich Neapel für ihren Gemahl forderte. Eine wunderliche und sich selbst betrügende Politik überließ diesen Thron der Bourbonen dem Abenteurer Murat. Stolzer als ihre Leidensgefährtin, vermochte die hochmütige Königin diese Demütigung nicht zu ertragen; man fand sie eines Tages tot im Bette.

Gräfin Lulu Thürheim.

***

Diese Monarchen, welche bisher, obwohl Alexander und Friedrich Wilhelm persönlichen Mut hinreichend dargetan, in den Kriegssachen die Oberleitung nicht geführt hatten, führten dieselbe jetzt ebenso wenig in den politischen Verhandlungen, sie überließen deren Richtung dem allgemeinen Drange der in Staat und Volk eben wirksamen Ansprüche und Forderungen, und der Gang blieb den Ansichten und Geschicklichkeiten der Staatsmänner anheimgegeben, in deren Händen die Geschäfte gerade lagen. Der politische Teil des Kongresses war daher von dem Einflusse jener Persönlichkeiten nur wenig bedingt, keine drückte den Ergebnissen das Gepräge eines bestimmten Charakters auf. Aber ganz ohne Wirkung blieben sie auch nicht, sie mussten immerfort berücksichtigt und bearbeitet werden, und so gab sich denn ihre Gegenwart besonders durch Hemmungen und Schwierigkeiten kund. Sie hatten zum Fördern keine Kraft, aber zum Hindern und Stören waren sie stark genug, da ihr herrscherliches Ansehen doch nie bloßzustellen und ihr gelegentliches Meinen durch offenen Widerspruch nicht aufzuheben war.

Nach dieser Darlegung wird man gern glauben, dass die Könige, welche bei dem Kongresse nicht persönlich erschienen, deshalb in den Verhandlungen keinen sonderlichen Nachteil spürten.

Varnhagen von Ense.

***

Der Kongress hatte den Charakter einer großen Festlichkeit zu Ehren des allgemeinen Friedens angenommen. Das zu Wien in der Person seiner Souveräne versammelte Europa, sich durch das Organ ihrer berühmtesten Ratgeber aussprechend, diese Versammlung von Königen, Ministern, Generälen, die ein Vierteljahrhundert hindurch die Schauspieler des großen Dramas gewesen waren, das die Welt dargeboten hatte, dies ganze in seiner Art einzige Schauspiel wies darauf hin, dass man da sei, um sich mit dem Geschicke der Nationen zu beschäftigen. Von der Gewichtigkeit der Umstände überwältigt, konnte sich der Geist von Zeit zu Zeit der ernstesten Gedanken nicht erwehren; aber sogleich wurde dieser Eindruck durch die allgemeine Freude der Lustbarkeiten auf verführerische Weise zerstreut. Da sah man nicht mehr jene Nichtigkeiten, die man sonst als Pflichten bezeichnet hatte, keine leeren Formen, die sonst zur Wohlanständigkeit gerechnet wurden; nicht mehr jene umständliche Feierlichkeit, welche alle Zeit wegnimmt und dem Vergnügen nur einige Minuten übriglässt: das Vergnügen allein riss alles mit sich fort. Auch die Liebe fand ihren Platz in diesem Rate der Könige: sie verlieh den Gastereien mehr Ergötzlichkeit, den Festen mehr Wonnetaumel und verlängerte den Zustand von Hingebung, die fast unbegreifliche Sorglosigkeit in dem Augenblicke, wo die ungeheuren Umwälzungen noch ihre frischen Spuren zeigten, am Vorabend des Donnerschlages, der bald ein seltsames Erwachen herbeiführen sollte. Die Völker selbst vergaßen, dass, wenn ihre Herrscher sich vergnügten, sie die Kosten dieser königlichen Lustbarkeiten tragen müssten, und mussten ihnen sogar Dank für diese Schwächen, weil durch dieselben sie ihnen näherzustehen schienen. Alle Welt, mit einem Worte, schien in dem Zustande eines Mannes zu sein, der, von einem angenehmen Traume umgaukelt, das Ende desselben ahnt und die Leere, die armselige Wirklichkeit des Erwachens hinausschieben will. „Auf Wiedersehen morgen!", sagte der General Tettenborn zu mir, als wir uns trennten; „ich werde um zehn Uhr bei Ihnen sein. Wir wollen dann zu dem großen militärischen Feste gehen, das zu Ehren des Friedens gefeiert wird. Bevor sie die Waffen niederlegen, wollen die Monarchen der Vorsicht danken für die ausgezeichnete Gunst, die sie ihnen hat zuteilwerden lassen."

Zur bestimmten Stunde war Tettenborn mit der Pünktlichkeit eines österreichischen Rittmeisters vor meiner Tür. Es war ein klarer, milder Oktobermorgen. Bald galoppierten wir auf dem Glacis zwischen dem Neuen und dem Burgtor hin. Unterwegs rekrutierten wir noch einige von unseren Bekanntschaften, welche die Neugier gleich uns hinzog. Tettenborn trug seine glänzende Generaluniform; eine Menge militärischer Orden, die seine Brust bedeckten, bewiesen, dass, wenn das Glück ihn auch günstig behandelt hatte, er sich auch seines Schutzes würdig gezeigt hatte. Kaum angelangt, musste er uns verlassen, um sich der Suite des Kaisers Alexander anzuschließen; aber ich blieb von Freunden umgeben und befand mich an einem guten Platze, um alle Einzelheiten dieses schönen Festes ins Auge fassen zu können. Obgleich zu jener ganz soldatischen Zeit man häufig genug Zeuge von dergleichen Feierlichkeiten gewesen war, so glaube ich doch nicht, dass irgendeine jemals ein solches Ganze und solche Majestät dargeboten hat als diese. Mehrere Bataillone Infanterie, Kavallerieregimenter, unter anderen auch das Ulanenregiment Schwarzenberg und die Küraßiere des Großfürsten Konstantin, waren auf einem ungeheueren Rasenplatz versammelt. All diese Truppen waren in der glänzendsten Haltung.

Die Souveräne kamen zu Pferde an. Die Truppen formierten ein doppeltes Karree. Im Zentrum desselben war ein großes Zelt oder vielmehr ein Tempel errichtet zu Ehren des allgemeinen Friedens. Die Säulen, auf denen er ruhte, waren mit Trophäen von Waffen und Standarten geschmückt, die in den Lüften flatterten. Rings herum war die Erde ganz mit Blumen bestreut. In der Mitte des Zeltes stand ein Altar, der mit reichen Draperien und mit allem Pomp des katholischen Kultus von Gold und Silber reich geschmückt war. Eine Menge von Kerzen verbreiteten ihr von der Sonne, die im frühesten Glanze strahlte, verdunkeltes Licht. Teppiche von rotem Damast bedeckten die Stufen des Altars.

Bald sah man in den mit vier Pferden bespannten Hofwagen die Kaiserinnen, Königinnen und Erzherzoginnen ankommen, welche auf mit Samt ausgeschlagenen Lehnstühlen Platz nahmen. Endlich, als diese strahlende Versammlung, diese Menge von Militärs, von Hofleuten, Stallmeistern, Pagen sich an den ihnen bezeichneten Orten aufgestellt hatten, zelebrierte der ehrwürdige Erzbischof von Wien, der trotz seines hohen Alters das Hochamt hatte halten wollen, von seinem ganzen Klerus umgeben, die Messe. Die ganze Bevölkerung von Wien und der Umgegend war herzugelaufen, um Zeuge von diesem feierlichen Schauspiele zu sein.

Im Augenblick der Konsekration begrüßte eine Artilleriesalve die Gegenwart des Gottes der Schlachten. Und zu gleicher Zeit fielen wie auf einen Wink alle diese Krieger, Prinzen, Könige, Generäle, Soldaten aufs Knie und beugten sich vor dem, der in seiner Hand den Sieg oder die Niederlage hält. Ein gleiches Gefühl schien sich der zuschauenden Menge mitzuteilen, alle entblößten freiwillig ihr Haupt und knieten im Staube. Die Kanonen sind still, dem mächtigen Donner des Erzes folgt ein frommes Schweigen. Endlich erhebt der Priester des Herrn das Zeichen der Erlösung und wendet sich gegen die Armee zum allgemeinen Segen. Der Gottesdienst ist beendet: die gebeugten Gestalten richten sich wieder auf, und das Geräusch der Waffen erfüllt wieder die Luft. Da stimmt ein Chor von Sängern in deutscher Sprache die Friedenshymne an, die ein zahlreiches Orchester von Blasinstrumenten begleitet: die Armee und der ganze Haufe der Umstehenden stimmt mit ein in den Gesang. Nein, niemals hat das menschliche Ohr etwas Ergreifenderes gehört, als diese tausende von Stimmen, die sich vereinigten, um die Wohltat des Friedens und den Ruhm des Allmächtigen zu preisen. – Unter allen Festen des österreichischen Hofes waren die glänzendsten ohne Widerspruch die großen Redouten, welche im Kaiserpalast stattfanden. Dem Fürsten von Ligne verdankte ich es, dass ich der kleinen Redoute beigewohnt hatte, welche bei dem Einzug des Kaisers von Russland und des Königs von Preußen gegeben worden war. Bei diesen Vereinigungen trugen die Monarchen die Maske oder hüllten sich in ein Inkognito. Bei den großen Redouten aber erschienen sie in all ihrem Glanze, mit allen ihren Orden geschmückt, und die Fürstinnen von allen ihren Brillanten umstrahlt.

Ich hatte nicht auf die erste große Redoute gehen können, desto lebhafter wünschte ich, der zweiten beiwohnen zu können. Wieder war es der vortreffliche Fürst von Ligne, der es übernahm, mir den Zutritt zu verschaffen und mein Führer zu sein. Wir begaben uns nach der Burg. Die Souveräne waren noch nicht eingetreten; ich hatte also Zeit, meine Augen an dem seltenen Anblick zu weiden, der sich mir darbot. Niemals gab es eine blendendere Vereinigung des Luxus, von Schmuck, von Reichtum und Verschiedenartigkeit der Kostüme und von berühmten Personen.

Zu dem großen Redoutensaale hatte man zwei kleinere Säle, durch eine Galerie nebeneinander verbunden, hinzugenommen; der kleine Redoutensaal war gleichfalls offen; ferner war die kaiserliche Reitbahn, welche ein Meisterstück der Baukunst ist, für die Tänze eingerichtet worden. Es wäre ein nutzloses unmögliches Bestreben, alle Einzelheiten der inneren Ausschmückung aufzuzählen. Erstlich bedeckte eine Menge von Blumen und seltenen Gewächsen alle Treppen und Galerien, eine Orangenallee führt zu dem Hauptsaale; ungeheuere Kandelaber mit Wachskerzen zwischen die Kübel der Bäume gestellt, und Kronleuchter mit Tausenden von glänzenden Kristallstücken verbreiteten ein phantastisches Licht durch das Gezweige der schönen Bäume und ließen die Blüten hervortreten, mit denen sie besät waren. Der kleine Redoutensaal war mit Blumenvasen verziert, in welchen die schönsten Farben abwechselten und ihm den Anblick eines Feengartens gaben. Die Tapeten waren von schönem weißem Seidenstoff, der durch Verzierungen von Silber gehoben wurde. Die Sessel prangten von Samt und Gold. Sieben- bis achttausend Kerzen verbreiteten einen Glanz, der heller war als das Licht des Tages. Endlich gaben die Melodien von mehreren Orchestern dem wunderbaren Anblick noch einen Zauber mehr.

In dem Gebäude der Reitbahn war eine Estrade für die Monarchen eingerichtet, mit Trophäen und Standarten geziert und wie der große Saal mit einer Tapete von weißer Seide und silbernen Fransen drapiert.

Welche unerhörte Verschiedenheit der Uniformen! Welche Menge von Orden und Dekorationen! Aber vor allem, welche Vereinigung von schönen Frauen! Wenn Europa in diesem Augenblicke in Wien durch Berühmtheiten aller Art vertreten war, so war die Schönheit gewiss dabei nicht vergessen. Niemals zählte eine Stadt in ihren Mauern so viele bemerkenswerte Damen, als Österreichs Hauptstadt während der sechs Monate des Kongresses.

Eine Fanfare von Trompeten ließ sich hören: die Souveräne traten ein, die Kaiserinnen, Königinnen, Erzherzoginnen führend. Nachdem sie unter allgemeinem Zurufe durch alle Säle gegangen waren, begaben sie sich in den der Reitbahn und nahmen auf der Estrade Platz. In der ersten

Reihe bemerkte man die Kaiserin von Österreich und die von Russland, die Königin von Bayern, die Großherzogin von Oldenburg, die vielgeliebte Schwester Alexanders, deren Ähnlichkeit mit ihrem Bruder überraschend ist, dann die Erzherzogin Beatrix und die Großherzogin von Weimar.

Auf den Bänken zur Rechten und Linken hatten alle Damen Platz genommen, die sich in diesem Augenblicke das Zepter der Eleganz und Schönheit streitig machten, die Fürstin von Thurn und Taxis, die Gräfin Bernstorff, die Fürstin von Hessen-Philippsthal, eine stolze ernste Schönheit, ihre beiden Töchter, die schon versprachen, in die Fußstapfen der Mutter einzutreten, die Gräfin Therese Apponyi mit dem hohen Wuchse und den ausdrucksvollen Augen, die Fürstinnen Sapieha und Liechtenstein, bei denen sich regelmäßige Schönheit mit einem sanften Ausdrucke vereinte, Gräfin Koharn, die Fürstinnen Paul Esterhazy und Bagration, die Töchter des Admirals Sir Sidney Smith, Gräfin Zamoyska, geborene Czartoryska, groß, blond, von blendendem Teint, alle Nuancen der polnischen Schönheit in sich vereinigend, und endlich noch viele andere, deren Namen und Bild sich noch oft in diesen Erinnerungen wiederholen wird.

Indessen sah man beim Klange einer lebhaften hüpfenden Musik eine Gruppe maskierter und verkleideter Kinder eintreten, welche eine venezianische Pantomime aufführten, die mit einem allgemeinen Ballette endete. Die ausdrucksvollen Bewegungen dieser jungen Tänzer schienen den hohen Zuschauern das größte Vergnügen zu gewähren.

Nach dem Weggehen der Souveräne begannen die Orchester Walzer zu spielen. Alsobald schien eine elektrische Bewegung sich der ganzen zahllosen Versammlung mitzuteilen. Deutschland ist das Vaterland des Walzers; in diesem Lande und besonders in Wien hat dieser Tanz, dank dem musikalischen Gehöre der Einwohner, all den Reiz bekommen, der ihm eigen ist; man muss es dort mit ansehen, wie der Herr seine Dame nach dem Takte unterstützt und in dem wirbelnden Laufe hebt, und diese dem süßen Zauber sich hingibt und eine Art von Schwindel ihrem Blick einen unbestimmten Ausdruck verleiht, der ihre Schönheit vermehrt. Man kann aber auch kaum die Macht begreifen, die der Walzer ausübt. Sobald die ersten Takte sich hören lassen, klären sich die Mienen auf, Augen beleben sich, ein Wonnebeben durchriefelt alle. Die anmutigen Kreisel bilden sich, setzen sich in Bewegung, kreuzen sich, überholen sich, während die Zuschauer, welche das Alter zur Untätigkeit verdammt, den Takt und den Rhythmus mit dem Fuße markieren, in Gedanken und in der Erinnerung noch in dem Vergnügen schwelgend, das ihnen versagt ist.

Man musste diese hinreißend schönen Frauen sehen, ganz von Blumen und Diamanten strahlend, durch diese unwiderstehliche Musik fortgezogen, auf den Arm ihrer Tänzer sich lehnend und glänzenden Meteoren gleich; die glänzende Seide, die leichte Gaze ihrer Kleidung folgte der Bewegung und zeichnete lieblich wogende Wellenlinien, und dann endlich: diese Art von ekstatischer Wonne, welche ihr reizendes Antlitz atmete, wenn die Ermüdung sie nötigte, die lustigen Regionen zu verlassen und von der Erde neue Kräfte zu fordern. Diese Lust endete erst mit der Nacht, erst die Strahlen der aufgehenden Sonne schienen dieser so belebten, blendenden Gesellschaft ein Ziel setzen zu können.

Graf de la Garde.

***

Wir hörten, dass sich Kaiser Alexander gestern Abend auf dem Ball schlecht gefühlt hat, als er einen Walzer mit Lady Castlereagh tanzte; man behauptet, dass er sich am Bein gestoßen habe, und so könnte man boshaft sagen, dass er auf dem Felde der Ehre verletzt worden sei. Übrigens ist es nicht zu verwundern, dass der Kaiser, nachdem er dreißig bis vierzig Nächte hintereinander bis vier und fünf Uhr morgens getanzt hat, schließlich der Müdigkeit nicht mehr hat widerstehen können. In den Annalen der Weltgeschichte wird man später lesen, dass auf dem berühmten Wiener Kongress die Herrscher so ernste Pflichten zu erfüllen hatten, dass der Kaiser, nachdem er vierzig Nächte damit beschäftigt war … – Bei dieser Stelle wird die Aufmerksamkeit des Lesers sich steigern, seine Seele wird zur Bewunderung bereit sein – aber welcher Absturz! Malt euch die Überraschung aus: er wird seinen Augen kaum glauben wollen, wenn er folgende Worte lesen wird: Nachdem er vierzig Nächte durchgetanzt hatte, wurde er schließlich vor Übermüdung krank. – Hier wird der Leser das Buch hinlegen und wird lange Betrachtungen über das menschliche Herz anstellen.

Jean-Gabriel Eynard.

***

Der Tag des kaiserlichen Karussells, der so ungeduldig erwartete, war endlich gekommen. So viele Wochen waren auf die Vorbereitungen vergangen, dass man nicht zweifelte, der Hof würde dabei alle Wunder des Luxus und alle Hilfsmittel des Reichtums entfalten.

Die kaiserliche Reitbahn, von Karl dem VI. erbaut und später der Karussellsaal genannt, war zu der Feierlichkeit eingerichtet. Dieses Gebäude, dessen weites Schiff der Ausdehnung einer gewöhnlichen Kirche fast gleichkommt, hat die Form eines länglichen Rechtecks; ringsherum geht eine kreisförmige Galerie, welche mit allen Zimmern des Palastes in Verbindung steht. Die nach hinten erhöht aufgestellten Sitze konnten 1000 bis 1200 Zuschauer fassen; die Galerie war durch vierundzwanzig korinthische Säulen unterbrochen, an welchen die Schilde der vierundzwanzig Ritter mit ihren Waffen und Devisen hingen.

Zu beiden Enden dieses großen Kampfplatzes hatte man zwei Tribünen errichtet, welche die Länge des ganzen Gebäudes einnahmen und mit den reichsten Stoffen geschmückt waren. Die eine war für die Monarchen, Kaiserinnen, Königinnen und souveränen Fürsten bestimmt, die andere, welche sich ihr gerade gegenüber befand, sollte die Damen der vierundzwanzig Paladine fassen, welche beweisen würden, dass sie schön unter den Schönen seien. Oberhalb dieser Tribüne hatte man das Orchester hingebracht, alles, was Wien an ausgezeichneten Musikern besaß, fand sich daselbst vereinigt.

Eine der Seitengalerien war für die Gesandten, die Minister, die Bevollmächtigten Europas, die kriegerischen Berühmtheiten und die vornehmen fremden Familien bestimmt. Der österreichische, russische, ungarische und polnische Adel befand sich auf den anderen Galerien.

Unter der kaiserlichen Tribüne ist ein Ringspiel errichtet, die Ritter müssen mit ihren Lanzen, ohne innezuhalten, während ihre Pferde im schnellsten Laufe begriffen sind, die Ringe daraus abstechen; ringsherum im Saale, in bestimmten Zwischenräumen, sind Türken- und Mohrenköpfe, mit ihrem Turban bedeckt, auf Pfählen angebracht und dienen den Kämpfern gleichfalls zum Ziele. Ohne Zweifel erhielt man auf diese Weise ehemals den Hass der deutschen Krieger gegen ihre räuberischen, unversöhnlichen Feinde, die Türken. Um etwaigen Unfällen zuvorzukommen, war der Boden der Reitbahn etwa einen halben Fuß hoch mit feinem Sande bedeckt; an der Türe des Saales endlich bezeichnet eine Schranke den Eingang zum Kampfplatz; hinter dieser Tür stehen die Waffenherolde mit ihren

Trompeten und in prächtiger Kleidung, eine Menge mit Kerzen besteckter Kronleuchter verbreiten in dem weiten Umkreise ein Licht, das mit der Tageshelle wetteifert.

„Sehen Sie dort", sagte der Fürst von Ligne zu mir, „Lady Castlereagh neben der Tribüne der Monarchen; sie trägt in Form eines Diadems den Hosenbandorden ihres edlen Gemahls in Diamanten auf der Stirn; das ist eine kleine Abschweifung der Eitelkeit, an welche der galante Eduard nicht gedacht hat, als er das blaue Band aufhob, welches den Strumpf der schönen Alix Salisbury schürzte; wenn der Stolz sich auszeichnen will, spielt er uns bisweilen sehr boshafte Streiche."

Punkt acht Uhr verkündete die Fanfare der Waffenherolde die Ankunft der vierundzwanzig Damen. Ihre galanten Champions führten sie, und sie setzten sich in die vorderste Reihe der für sie bestimmten Tribüne.

Alle verdienten durch ihre Anmut und Schönheit den Namen der Liebesköniginnen, welcher ihnen gegeben worden war. Es waren die Fürstin Paul Esterhazy, Marie Metternich, die Gräfin von Périgord, Rzewuska, Mariassy, Sophie Zichy u.a. Man kann sich kein anmutigeres, blendenderes Schauspiel denken; die Damen waren in vier Quadrillen geteilt, welche sich in der Farbe ihrer Kleidung unterschieden: Smaragdgrün, Karmesinrot, Blau und Schwarz. Alle Kleider waren von Samt, mit den reichsten Spitzen besetzt und ganz von Edelsteinen glänzend.

Die ganze Zusammenstellung ihrer Toiletten war mit der sorgsamsten Genauigkeit den Kostümen des 16. und 17. Jahrhunderts nachgebildet. Die eine Quadrille, welche das Grün gewählt hatte, trug die ungarische Nationaltracht; diese bestand in einer langen, offenen Tunika, welche von der Taille bis zum Knie mit Agraffen von Diamanten zusammengesteckt war und ein Unterkleid von weißem Atlas in den Zwischenräumen sichtbar werden ließ, welche zwischen den Agraffen waren; die Weiße des Atlas und die Brillanten bildeten einen herrlichen Kontrast zum dunkelgrünen Samt. In gleicher Weise hielten von der Taille bis zur Schulter hinauf ähnliche Agraffen das Oberkleid zusammen. Das Mieder war vorne breit und mit den reichsten Juwelen bedeckt, ein breiter, von der Schulter ab offener Oberärmel fiel, der Form des Armes sich anschmiegend, herab, darunter war ein zweiter, bauschiger Ärmel von weißem Atlas, wie das Mieder, aber in Gold und farbigen Edelsteinen gestickt; den Kopf bedeckte eine kleine Toque von Samt, ganz mit Edelsteinen bedeckt. Ein langer, durchsichtiger, mit Gold broschierter Schleier ging vom Haarputz der Damen bis zu den Füßen nieder und hüllte sie ganz ein.

Die anderen Quadrillen trugen das polnische, österreichische und französische Kostüm zur Zeit Ludwigs XIII., der Schnitt und die Form war verschieden, aber alle verrieten dieselbe Pracht, denselben Prunk. Wenn man sie sah, hätte man denken können, dass alle Reichtümer der österreichischen Monarchie dazu aufgeboten worden waren.

Der Wert aller dieser Juwelen wurde auf nahe dreißig Millionen Franken geschätzt. Darin waren die der Fürstin Esterhazy, geborenen Thurn und Taxis, begriffen, welche allein auf sechs Millionen geschätzt wurden.

Sobald die Minnedamen ihren Platz eingenommen hatten und eine reizende Reihe von engelhaften Gesichtern bildeten, richteten sich aller Augen auf sie, die, unbeweglich in ihre langen durchsichtigen Schleier gehüllt, ihren Triumph zu erwarten schienen. Eine neue Fanfare verkündet die Ankunft der Souveräne, bei ihrem Eintritt erhebt sich jedermann: die vierundzwanzig Damen werfen ihren Schleier zurück und erscheinen in all ihrem Glanze, ein stürmischer Beifall mischt sich in den freudigen Zuruf, welchen die Gegenwart der Monarchen erweckt hat.

Der Kaiser von Österreich setzt sich in die Mitte der Tribüne, ihm zu Seiten die Kaiserinnen, die anderen Souveräne und regierenden Prinzen nach der Ordnung des Vortritts; die mit Samt überzogenen Sessel strahlten von Gold und Stickereien. Der Kaiser Alexander, welcher durch Unwohlsein abgehalten war, konnte nicht gegenwärtig sein bei dem Feste. Einige Tage darauf wurde ihm zu Ehren ein anderes gegeben, bei welchem man mit mathematischer Genauigkeit die Einzelheiten des jetzigen wiederholte.

Alle die vornehmen Gäste des österreichischen Hofes im glänzenden Schmuck oder ihren ganz geschmückten Uniformen bilden einen imponierenden Anblick. In der ersten Reihe der kaiserlichen Tribüne, zur Rechten und Linken der beiden Kaiserinnen, sieht man die Königin von Bayern, die Erzherzogin Beatrix von Este, die Großherzogin von Oldenburg und ihre Schwester Marie von Weimar, auf der zweiten Reihe die Könige von Preußen, von Dänemark, von Württemberg, von Bayern, die Prinzen von Preußen, von Württemberg, von Bayern, den Prinzen Eugen von Beauharnais und endlich die Erzherzoge Karl, Albert, Ferdinand, Maximilian von Este, Erzherzog Johann und Erzherzog Rainer.

Als die Souveräne und Zuschauer saßen, da begann sofort im Saale eine brausende kriegerische Musik, die vierundzwanzig Paladine erschienen an der Schranke. Es war die Blüte des Adels des Kaiserreichs, die meisten hatten in den letzten Kriegen auf einem anderen Kampfplatze voll Tapferkeit ihre Sporen verdient, und wenn sie alle durch ihren persönlichen Ruhm oder die Erhabenheit ihrer Familien glänzten, so waren sie nicht minder durch vorteilhaftes Äußere auffallend.

Die Kostüme der Ritter waren genau nach der Tracht geformt, welche unter Franz dem Ersten Sitte war, der Zeit, in welcher das Rittertum noch einen letzten Glanz warf, um dann zu verlöschen. Sowie die Liebesdamen, teilten sie sich in vier Quadrillen, welche dieselben Farben hatten, als die entsprechenden der Damen. Der Anzug bestand aus einem Überwurf von Samt, welcher um die Taille eng anschloss, mit weiten Ärmeln und mit Atlas besetztem Überfall: das Bruststück war mit Knöpfen und goldenen Schlingen geziert, das Beinkleid eng anschließend, die Halbstiefel gelb mit vergoldeten Sporen, die Handschuhe von derselben Farbe und mit Gold gestickt; der breitkrempige Hut vorn mit einem weißen Federbusch aufgestülpt, der durch eine Agraffe von Diamanten festgehalten wurde. Die Degen hingen in mit Edelsteinen geschmückten Wehrgehängen. – Jede Schöne hatte ihrem Ritter eine breite seidene Schärpe mit goldener Stickerei geschenkt und diese Schärpe bildete auf der dem Degen entgegengesetzten Seite eine Schleife.

Die so gekleideten Paladine ritten ungarische Pferde von der höchsten Schönheit, welche durch ihre Beweglichkeit und ihre Dressur sich auszeichneten. Unter ihren reichen Decken konnte man kaum ihre ebenholzschwarze Farbe erkennen. Jeder Ritter hielt eine lange Lanze und stützte dieselbe auf das Knie. Vierundzwanzig Pagen trugen ihnen ihr Banner vor, es folgten ihnen sechsunddreißig spanisch gekleidete Stallmeister, welche die mit ihren Emblemen und Devisen geschmückten Schilde trugen.

Die Pagen und Stallmeister stellen sich zu beiden Seiten der Schranken in Linie auf. Die vierundzwanzig Paladine richten sich darauf zu je zweien gegen die Tribüne der Monarchen hin und senken zum Zeichen des Grußes und des Gehorsams vor den Königinnen und Kaiserinnen ihre Lanzen. Diese machen eine anmutige Handbewegung zur Erwiderung. Darauf kehren die Ritter zurück, reiten zu der anderen Tribüne und bringen ihren Damen eine gleiche Huldigung der Unterwürfigkeit und Ehrfurcht dar. Die Damen erheben sich nun gleichfalls, den Gruß zu erwidern, und bei dieser Gelegenheit kann man erst recht die Schönheit ihrer Züge, die Zierlichkeit ihres Wuchses und den Reichtum ihres Kostümes in Augenschein nehmen. Nachdem sie zweimal im Zirkus die Runde gemacht, ziehen sich alle Paladine zurück und erwarten ein neues Signal.

Darauf blasen die Herolde eine schmetternde Fanfare, auf welche alle Musiker des Orchesters antworten. Die Bahn ist offen, und nun beginnen die verschiedenen Spiele, bei denen die Kraft und Geschicklichkeit der Kämpfer sich entfalten soll. Sechs Ritter erscheinen von ihren Pagen und Stallmeistern gefolgt, man führt den ersten Lanzengang aus, die Pferde werden in Galopp gesetzt und jeder Ritter nimmt in vollem Rosseslauf, mit der Spitze seiner Lanze, die vor der kaiserlichen Tribüne aufgesteckten Ringe ab.

Dreimal beginnt jede Quadrille den Lauf bis zu dem Augenblicke, wo fast alle Ringe verschwunden sind und die Geschicklichkeit der Reiter sich hinlänglich bewährt hat.

Als dies erste Spiel beendigt ist, werden die mit den eroberten Ringen geschmückten Lanzen den Stallmeistern übergeben und der zweite Lauf beginnt. Jeder Kämpfer bewaffnet sich mit einem kurzen Wurfspieß, wirft ihn mit seltener Geschicklichkeit nach den Sarazenenköpfen und hebt in fortwährendem Galopp dann mit einem gebogenen zweiten Spieße den ersten geworfenen von der Erde wieder auf. Bald darauf ziehen sie ihre Degen, lehnen sich über den Hals ihrer Renner und stürzen sich so auf ihre unbeweglichen Gegner, zielen auf sie und schlagen danach, indem sie versuchen, die Köpfe mit einem Hiebe abzuhauen.

Endlich sieht man sie in der ganzen Schnelligkeit ihres Pferdes vermittels eines krummen Säbels einen von einem Faden hängenden Apfel durchschlagen und den durchschlagenen mit einem zweiten Hiebe teilen. Diese Übung erfordert einen großen Scharfblick. Der Sohn des Grafen Trautmannsdorf zeichnete sich darin besonders aus.

Alle diese Evolutionen, welche nach Quadrillen aufeinander folgten, wurden von Militärsinfonien begleitet, welche diesen kriegerischen Spielen entsprachen. Während ihrer Dauer belohnte das lebhafteste Interesse der Liebesdamen die Paladine für ihre Bemühungen oder ihre Geschicklichkeit. Sie ahmten nicht die lauten Gewohnheiten ihrer Ahninnen nach, welche bei Turnieren oder Gefechten durch Zuruf ihre Champions zur Verteidigung ihres Ruhmes ermunterten, sondern sie begnügten sich mit ausdrucksvollen Blicken und anmutreichem Lächeln; aber diese stumme Manifestation eines zärtlichen Gefühles schien nicht minder ihren artigen Rittern zu sagen: „Ihr kämpft für zwei schöne Augen."

Bald darauf änderte sich die Szene; man ahmte ein wirkliches Gefecht nach. Die Ritter brachen zu vieren ab, die Rosse wurden in Galopp gesetzt. Zwei Parteien bildeten sich, rannten aneinander an und bemühten sich, einander aus dem Sattel zu heben, ganz wie bei den Spielen des alten Rittertums. Für die Grenzen der Verteidigung und des Angriffs waren Reglements gegeben. Sobald ein Kämpfer zu viel Heftigkeit in das Spiel mischte, traten die Waffenherolde sogleich dazwischen, unterbrachen dasselbe, und neue Ritter nahmen ihren Platz ein.

Als dies letzte Manöver beendet war, teilte sich die ganze Kavalkade in zwei Truppen, jede aus zwölf Rittern und ihren Stallmeistern bestehend, darauf begannen sie sich untereinander zu mischen, sich wieder aufzuwickeln, eine Linie zu je zwölf oder Fronten von sechs oder vier Mann zu bilden und verschiedene ebenso zierliche als schnelle Schwenkungen zu machen. Den Beschluss machte die letzte Probe der Geschicklichkeit und Dressur ihrer Renner, indem sie eine Art von Tanz aufführten, dessen Bewegungen nach dem Takte der Musik geschahen. Stürmischer Beifallsruf brach von allen Seiten aus: die Geschicklichkeit der Reiter, die Behändigkeit ihrer Rosse waren ein Gegenstand der allgemeinsten Bewunderung.

Nun ist alles zu Ende: die Paladine grüßen die Monarchen und ihre Damen, machen noch einmal im Schritte die Runde um die Bahn und verlassen sie in derselben Ordnung, in welcher sie hereingekommen sind.

Die Monarchen erhoben sich, um sich zurückzuziehen, die Ritter erschienen wieder auf der von ihren Damen eingenommenen Tribüne und verfügten sich mit ihnen in die großen Säle des Palastes, welche zum Ball und Souper eingerichtet waren. Die Zimmer waren mit ausgezeichnetem Geschmack und mit Blumen ausgeschmückt, eine dem Tageslicht gleichkommende Erleuchtung ließ die Frauen in all ihrem Glanze erscheinen. Die Paladine und ihre Damen waren der Gegenstand der Bewunderung, und die Monarchen hatten wieder ihr Inkognito angenommen, einige sogar mischten sich, in Dominos gehüllt, unter die Menge.

Graf de la Garde.

Beim Fürsten von Ligne war großer Zudrang, den die engen Räume kaum fassen konnten. Der liebenswürdige Wirt war für seine Gäste wie immer an Geist ein Verschwender, und Scherz und Laune unterhielten ein beständiges Feuerwerk; doch wie anmutig und leicht der altfranzösische Witz auch die Gegenstände des Tages hin und her bewegte, man fühlte doch mitunter, dass die neueste Zeit eine ganz andere sei als jene alte, und auf vielen Punkten schon unergreifbar weit von ihr sich geschieden habe. Auch empfand der heitere Greis nur allzu sehr, wie der Sinn und Anspruch der Jugend ohne ihre Kräfte eitel sei. Er, der in jeder Auszeichnung, des Krieges, der Galanterie und des Hofes, glänzende Anbeter und Günstling Katharinens der Großen, wie schien er berufen, jetzt ihren Enkel, den Kaiser Alexander, in gleicher Weise mit den Huldigungen der feinsten Schmeichelei, der angenehmsten Unterhaltung zu umgeben und im Schimmer dieser Sonne selber in neuem Lichte zu strahlen! Eine gewisse Anziehung schien in der Tat vorhanden, allein die Helden so verschiedener Zeitalter konnten sich leichter wechselseitig anerkennen als vereinigen, und der treffliche Fürst von Ligne, der sich wie in Munterkeit so auch in Aufmerksamkeit und Dienst unermüdet erweisen wollte, musste bald aufgeben, mit der jungen Welt Schritt zu halten. Von den höchsten Personen mehr vernachlässigt, als seine Jugenderinnerungen ihn erwarten ließen, erhielt er wenigstens daheim seiner scherzenden Laune die gewohnte Übermacht, spottete allerliebst und schickte die glücklichsten Witzworte aus, welche der großen Welt zur Erinnerung dienten, dass sein Geist annoch da sei. Man sah über diese Opposition hinweg, und seine Zimmer wurden nicht leer; ich sah Menschen des verschiedensten Schlages dort, die wohl öfters verwundert sein konnten, sich zusammen zu sehen.

Varnhagen von Ense.

***

Die Gestalt dieses berühmten Mannes war groß, sein Wuchs gerade, sein Gang fest, sein Antlitz majestätisch, seine Manieren voll Ungezwungenheit und Anmut. Lange weiße Haare, die Lorbeeren des Alters, fielen leicht gepudert in Locken auf seine Schultern. Ein angenehmes Lächeln, ein Ausdruck voll Güte mit einem Gemisch von Scharfsinn und Spott belebte seine Physiognomie. Sein Mund war groß, aber stets wohlwollend; auf seiner breiten Stirn thronte Heiterkeit und Offenheit; sein Blick war lebhaft und schnell, seine Augen schienen Feuer zu sprühen.

Der Fürst von Ligne war Feldmarschall, Eigentümer eines Regimentes Infanterie, Kapitän der Trabanten und der Garde des kaiserlichen Palastes, mit den meisten europäischen Orden geschmückt und Ritter des Goldenen Vlieses. Er liebte es, mit legitimem Stolze an einen seiner Ahnen, Johann von Ligne, Marschall du Hainaut, zu erinnern, der zu derselben Zeit als Philipp, der Vater Karls V., zum Ritter erwählt wurde.

Er war damals in seinem achtzigsten Jahre; aber man kann sagen, dass er dem Alter zum Trotze jung geblieben war. Er hatte den liebenswürdigen Charakter, die hinreißende Urbanität bewahrt, welche seiner Gesellschaft stets so viele Reize verliehen haben. Deshalb nannte man ihn auch einstimmig „den letzten französischen Chevalier".

Zu jener Zeit machten die durch ihren Rang wie durch ihren Geist berühmtesten Fremden und die Souveräne selbst es sich zur Pflicht, ihm ihre Huldigungen zu bringen. Noch immer ward man an ihm jene Frische des Geistes, jene unversiegbare Fröhlichkeit, vereint mit seinem Geschmacke, gewahr, die ihn stets ausgezeichnet hatte. Sein auf unschädliche Weise satirischer Witz tummelte sich vorzüglich, wenn er über den seltsamen Gang des Kongresses sprach, aus dem die Vergnügungen die einzige Sache von Wichtigkeit zu sein schienen. Bei dieser allgemeinen Berauschung, der ununterbrochenen Aufeinanderfolge von Festlichkeiten, Bällen, Gastmählern war der Kontrast, den das imponierende Antlitz des alten Marschalls bildete, nicht das Uninteressanteste; überall beliebt und gesucht, obgleich er keinen offiziellen Charakter bekleidete, charakterisierte er die Situationen oft mit einem einzigen Worte, einem Einfall, den man überall zu wiederholen sich beeilte.

Die erste Visite, die ich machte, war ich ihm schuldig. Am Tage nach meiner Ankunft beeilte ich mich, ihm meine Aufwartung zu machen.

„Sie kommen zu rechter Zeit", sagte er zu mir, „um große Dinge zu sehen. Europa ist in Wien. Der Teppich der Politik ist ganz mit Festlichkeiten durchweht. In Ihrem Alter liebt man die freudigen Zusammenkünfte, die Bälle, die Vergnügungen, und ich stehe Ihnen dafür, dass Sie nicht feiern werden; denn der Kongress geht nicht vorwärts, sondern er tanzt.[4] Es ist ein königliches Gewühl. Von allen Seiten schreit man: Friede, Gerechtigkeit, Gleichgewicht, Entschädigung, Legitimität, ein Wort, um das Ihr Fürst von Benevent[5] das Diktionär der Diplomatie bereichert hat. Wer wird dies Chaos entwirren und dem Strome von Ansprüchen einen Damm entgegensetzen? Was mich anbetrifft, der ich bloß wohlwollender Zuschauer bin, so werde ich nichts als einen Hut reklamieren, da ich den meinigen bloß damit ruiniere, die Souveräne zu grüßen, denen man an jeder Straßenecke begegnet. Aber endlich wird man doch, Robinson Crusoe[6] zum Trotze, einen allgemeinen, dauerhaften Frieden abschließen. Die Eintracht hat endlich die Völker verbunden, die so lange feindlich waren: ihre berühmtesten Vertreter geben das erste Beispiel dazu. Eine seltsame Sache das, die man hier zum ersten Male sieht: die Vergnügungen erringen hier den Frieden." –

Der Fürst hatte seine alte Gewohnheit beibehalten, früh zu speisen. Sein hübsches Haus auf der Bastei bestand nur aus einer Piece in jeder Etage, deshalb nannte er es

---

4   Dieses berühmt gewordene Bonmot zielte auf den nach Meinung der Wiener an „dansomanie" leidenden Kaiser Alexander, der den Fürsten von Ligne deshalb zur Rede stellte.

5   Talleyrand.

6   Napoleon auf Elba.

lachend seinen Vogelbauer; im Gegensatze dazu nannte man es auch wohl das Hotel de Ligne. Kurze Zeit nach meiner Ankunft setzte er sich zu Tisch, von seiner liebenswürdigen Familie umgeben. Die Wahrheit zu sagen, hatte seine Mahlzeit, wie die bekannten Soupers der Frau von Maintenon, als sie nur erst Witwe Scarron war, alles Zaubers seiner Unterhaltung nötig, um nicht mehr als karg zu erscheinen. Dennoch, obgleich er fast allein für seine Person die kleinen Schüsseln zu sich nahm, die man auftrug, wusste er den Geist seiner Gäste in solcher Aufmerksamkeit, so angeregt zu erhalten, dass man erst beim Aufstehen vom Tische gewahr wurde, wie durchaus geistig das Mahl gewesen.

Im Salon fanden wir einige zum Besuch gekommene Personen; es waren Fremde von Distinktion, die, aus allen Ecken und Enden Europas nach Wien berufen, sich dem noch lebenden Wunder des vorigen Jahrhunderts hatten vorstellen lassen; es waren aber auch einige von den lästigen Neugierigen darunter, die ihn überliefen, sei es auch bloß, um sagen zu können: Ich habe den Fürsten von Ligne gesehen; oder um ihren Geist an dem seinigen zu reiben, Anekdoten und Einfälle von ihm zu sammeln, die sie dann, entstellt, in den Salons kolportierten. Aber der Geist hat nicht die Eigenschaft des Magnetes, der die seinige durch Berührung mitteilt. Mit seiner bewunderungswürdigen Feinheit hatte er diese Halbwisser gar bald heraus erkannt, die sich schmeichelten, seine Sprache zu sprechen, ohne sie doch zu verstehen; die ihn durch unerquickliche Fragen reizten und ihn mit bekannten Witzen quälten. Er wusste sich ihrer unter der Form eines gutmütigen Spottes und ironischer Höflichkeit zu entledigen. Von dieser Art von Leuten sagte er: „Nichts beweist mehr Mittelmäßigkeit als die kleinen Geheimnisse ins Ohr hinein, die Unterhaltungen in einer Fensternische, die großen Erörterungen über kleine Gegenstände. Mit denen steht es schlimm, die im Gespräche das nicht haben, was man in der Malerei einen breiten Pinsel nennt."

„Wenn diese Leute", fügte er hinzu, „die mich so belagert hatten, auch behaupten, dass sie zu ihrem Vergnügen reisen, so geschieht es wahrhaftig doch nicht zu dem meinigen. Da diese Art von Leuten sehr zäh und vernagelt ist, so wollen wir andere aufsuchen in etwas größerem Kreise: kommt, meine Kinder, ich will euch zeigen, wie man sich auf Französisch empfiehlt."

Und dieser in allem außergewöhnliche Mann schlüpfte mit der Leichtigkeit eines Pagen hinaus, setzte sich in seinen Wagen und lachte über diesen Schülerschwank sowie über den Verdruss dieser trostlosen Sprecher, die bloß zu ihm gekommen waren, um sich von ihm anhören zu lassen.

„Bis jetzt", fuhr er fort, „haben wir nur königlichen Festen beigewohnt; ich will Sie morgen zum Volksfeste abholen. Man hat so viel durch das Volk getan, dass man wohl auch etwas für dieses tun kann; es ist ganz in der Ordnung, dass es auch einmal an die Reihe kommt. Auf morgen also!"

Das Volksfest ist eine der glänzendsten Feierlichkeiten der Stadt Wien. Schon seit langer Zeit war es der Gegenstand der allgemeinen Erwartung. Man zweifelte nicht, dass die Gegenwart von so viel hervorragenden Personen demselben einen neuen Glanz verleihen würde und es so den merkwürdigen Umständen; welche dieselben nach Wien geführt hatten, angemessen ausfalle. Ich war ungeduldig, der Aufforderung meines berühmten Führers nachzukommen, und befand mich vor Mittag an der Tür seines kleinen Hauses. Bald darauf machten wir uns nach dem Augarten auf den Weg.

Dort wurde das Fest gefeiert. Der Augarten liegt auf derselben Donauinsel wie der Prater, der ihn im Westen begrenzt. Der Park ist reich an Gebüschen und Bäumen von der schönsten Vegetation und von herrlichen Alleen durchschnitten, das Schloss von einfacher und glänzender Bauart, ein Werk Josephs II., und über der Tür verkündet eine Inschrift, dass dieser liebenswürdige philosophische Fürst es dem Vergnügen aller Welt gewidmet hat.

Eine ungeheure Menge Menschen drängte sich auf dem schönen Platz; das Wetter war herrlich. Die für die Souveräne und die Berühmtheiten des Kongresses errichteten Tribünen waren von Zuschauern und Zuschauerinnen im glänzendsten Putz besetzt. Der Fürst zog es vor, sich unter das Volk zu mischen. Das war mir sehr lieb, da ich hoffen konnte, es werde ihm die Gelegenheit nicht entgehen, seine gewöhnlichen geistvollen Bemerkungen zu machen.

Die österreichischen Veteranen, viertausend an der Zahl, waren zu dem Feste eingeladen worden. Sie gingen beim Klange einer militärischen Musik vor der Tribüne der Souveräne vorbei und nahmen unter den großen Zelten Platz, die man für sie bestimmt. Darauf wurden Spiele aller Art ausgeführt und der ganze Tag damit verbracht. Man begann mit Wettläufen, denen Rennen kleiner orientalischer Pferde folgten, ähnlich den Berberpferden, welche sich im Korfo von Rom den Ruhm der Schnelligkeit streitig machen. Im Zirkus unter freiem Himmel führte die Kunstreitergesellschaft de Bachs, welche mit Franconi und Astley in London rivalisiert, verschiedene Kunststücke zu Fuß und zu Pferde aus. Auf dem Turnplatze beschäftigten junge Leute durch gymnastische Übungen die Blicke der Zuschauer. Links vom Schlosse hatte man auf dem Rasen einen Mast von hundert Fuß aufgerichtet, auf dessen Spitze ein hölzerner Vogel von ungeheurer Größe feine Flügel ausbreitete; er diente einer Truppe Tiroler Schützen zum Ziel, welche ihre ausgezeichnete Geschicklichkeit im Armbrustschießen daran bewiesen.

Der Preis war eine schöne Vase von vergoldetem Silber; lange stritt man sich darum, und endlich erhielt ihn ein Sohn des berühmten Hofer.

Zuletzt erhob sich ein Ballon von ungeheuren Dimensionen in die Lüfte; der Aeronaut, der mit ihm aufstieg; ein Nebenbuhler der Garnerin und Blanchard, nannte sich Kraskowitz: bald sah man ihn majestätisch über der Menge schweben und eine große Anzahl Fahnen schwenken, welche allen Nationen angehörten, deren Vertreter in Wien anwesend waren. Eine Stunde darauf hatte sich der Luftschiffer ganz sanft auf der Insel Lobau niedergelassen, welche einst Zeuge war von einer der schönsten Taten der neueren Militärgeschichte.

Die Spiele wurden unterbrochen. Man stellte sechszehn große Tische auf einem weiten Rasenplatze auf; die viertausend Veteranen nahmen daran Platz und man trug ihnen ein reichliches Mahl auf. Von den mit kriegerischen Trophäen und Fahnen geschmückten Orchestern schallten militärische Sinfonien herab. In einer anderen Partie des Parkes waren vier elegant geschmückte Zelte errichtet; dort führten Böhmen, Ungarn, Österreicher und Tiroler in der malerischen Kleidung ihres Landes beim Klange der Musik, bei Gesang und ihren vaterländischen Instrumenten Nationaltänze auf.

Die Souveräne gingen indessen ohne Begleitung in der Menge umher, betrachteten alles, plauderten herablassend mit den alten narbenbedeckten Soldaten. Es lag etwas Patriarchalisches darin, wie sie so mitten unter der Bevölkerung umhergingen, welche sich um sie drängte. Diese Könige schienen durch ihre Zutraulichkeit ohne Zweifel auch die Freude um sich verbreiten zu wollen, welche sie selbst bewegte und die man sehr natürlich finden muss, wenn man bedenkt, dass sie seit einigen Monaten erst dem Strome entkommen waren, welcher sie fortzureißen gedroht hatte. Sie hatten sich ja noch kaum von dem Schrecken erholen können, mit welchem so viele Jahre lang der Alp auf ihnen gelegen.

Als der Abend kam, erleuchteten hunderttausend Lampen den Augarten mit Tageshelle. Daraus wurde vor dem Schlosse ein prächtiges Feuerwerk abgebrannt; die vorzüglichsten Teile desselben stellten die Baudenkmäler von Mailand, Berlin und Petersburg dar. Eine ungeheure Menge wogte in den Alleen des Augartens, aber keinen Augenblick verleugnete sich ein bewunderungswürdiger Ordnungsgeist. Es war in der ganzen Fröhlichkeit etwas so Ruhiges und Bedachtes, wie es nur der deutsche Charakter mit sich bringen kann.

Nach dem Feuerwerke gingen die Monarchen durch die Straßen der Stadt und wurden überall mit einstimmigem Jubelruf empfangen; dann begab sich der ganze Hof nach dem Kärntnertortheater, wo man das Ballett „Flora und Zephyr" gab. Alle Paläste, alle Hotels, alle Privathäuser waren auf die glänzendste Weise illuminiert, und an Sinnsprüchen jeder Art fehlte es dabei nicht. Die Tänze, die Walzer, die Musik der Orchester hörten die ganze Nacht nicht auf; es war ein ununterbrochenes Schauspiel von Glück und Herrlichkeit. Eine wahrhafte Freude herrschte unter dem Volke, und zwar war sie weniger Folge von dem Feste, das man ihm dargeboten, als von der Hoffnung auf einen dauernden Frieden, der mit den unaufhörlichen Opfern so vieler Jahre erkauft war. –

„Sie kommen", sagte der Fürst zu mir, „um heute den Tag in meinem Hause aus dem Kahlenberg zuzubringen. Bevor wir dort hingehen, schlagen Sie es mir nicht ab, mich zu Isabey zu begleiten. Ich muss ihm heute zu meinem Porträt sitzen. Während dieser Marterstunde können Sie nach Wohlgefallen eine Galerie von Bildnissen ansehen, mit denen sein Salon geschmückt ist. Isabey ist der Maler gewordene Kongress. Kommen Sie! Sein Gespräch ist ebenso geistvoll als sein Pinsel."

Wir kamen bald in der Wohnung an, welche der Künstler in der Leopoldstadt einnahm. Als Isabey nach Wien kam, war ihm ein wohlerworbener Ruf vorausgegangen. Vom Herzog von Serent der Königin Marie Antoinette vorgestellt, hatte er im Alter von kaum zwanzig Jahren das Porträt dieser unglücklichen und schönen Königin gemalt, die ihn mit der größten Güte empfing und nicht anders als ihren kleinen Lorrain nannte.

Später Hofmaler Napoleons geworden, hatte er die Züge aller berühmten Männer des Kaiserreiches und der damals am meisten bewunderten schönen Frauen auf der Leinwand festgehalten. Es ist auch bekannt, dass er die Festlichkeiten jener so glänzenden, so schnell verschwundenen Zeit anordnete.

In Wien stritten sich alle europäischen Berühmtheiten darum, seinen Pinsel zu beschäftigen, und kaum konnte er allen Bestellungen genügen. Die Zahl der Porträts, die er zu jener Zeit malte, ist erstaunlich und beweist, dass sein Talent ebenso fruchtbar als anmutig war. Jedes Mal, wenn es sich darum handelte, Vergnügungen anzuordnen, zu denen der Kongress den Vorwand geben musste, kann man wohl denken, dass die Gegenwart des Künstlers, der die Zeichnungen zu Napoleons Krönung entworfen hatte, als ein gutes Glück benutzt wurde. Man tat nichts, ohne ihn um Rat zu fragen.

Herr von Talleyrand hatte, wie er sagte, ihm den Gedanken, nach Wien zu kommen, eingegeben, und dieser Reise verdankt die Kunst seine ausgezeichnete, historische Zeichnung, die eine Sitzung der beim Kongresse Bevollmächtigten darstellt. Der Sturz Napoleons hatte ihm alle seine Stellen genommen. Eines Tages beklagte er sich im Kabinette des Staatsmannes, der sehr bedeutend zu dieser großen Katastrophe beigetragen hatte, über die Folgen einer Restauration, die für ihn Ursache zum Ruin sei. Vor Talleyrands Augen befand sich gerade ein Kupferstich vom Frieden zu Münster nach dem Terburgschen Gemälde. Er wies mit dem Finger darauf und sagte zu dem Künstler: „In Wien wird ein Kongress eröffnet, gehen Sie dorthin."

Diese wenigen Worte waren für Isabey ein Lichtstrahl und sogleich sein Entschluss gefasst. Er fand bei Herrn von Talleyrand die wohlwollendste, schmeichelhafteste Aufmunterung dazu.

Als der Prinz Eugen zum Kongresse kam, war einer seiner ersten Besuche bei Isabey. In seiner falschen Stellung war er glücklich, jemanden wiederzusehen, der ihn an seine Jugend erinnerte. Durch die Fröhlichkeit seiner Erinnerungen wusste der Maler sehr häufig den Kummer des Prinzen zu verscheuchen. Einige Zeit darauf führte Eugen auch den Kaiser Alexander zu ihm. Isabeys Unterhaltung war lebhaft und pikant. Sie belebte sich, wenn er die Wunder der Krönung erzählte, welche er angeordnet, oder die häuslichen Feste in Malmaison.

Schon im Jahre 1812 hatte Isabey auf einer Reise in Deutschland zu Prag ein Porträt des Fürsten von Ligne skizziert, die Skizze behalten und in sein Atelier gehängt. Man findet darin den edeln Ausdruck der Physiognomie, die Schärfe des Blickes wieder, die man trotz der achtundsiebzig Jahre noch am Original bewunderte. Der Fürst kannte damals Isabey nur durch seine Werke. Eines Morgens begibt er sich zu ihm: der Künstler war ausgegangen. Sein Album lag offen neben der Staffelei. Der dichterische Fürst nimmt eine Feder und schreibt statt der Visitenkarte auf ein weißes Blatt etwa zehn leichte, fließende Verse, in denen er das Talent Isabeys charakterisiert. Diese Huldigung des Fürsten von Ligne ist nur einer von den Reichtümern des Isabeyschen Albums. Alle bedeutenden Personen Europas, Minister, Generäle, Künstler, große Damen haben es in gleicher Weise sich zum Vergnügen gemacht, den Beweis ihrer Achtung und ihrer Sympathie für den Künstler darin niederzulegen.

Isabey wohnte prächtig, wie einst Benvenuto Cellini, im Louvre. Sein Atelier war ganz mit Skizzen seiner Gemälde und Entwürfen von Gemälden tapeziert und glich einer *Laterna magica*, in welcher der Reihe nach alle Notabilitäten dieses Kongresses zum Vorschein kamen.

Graf de la Garde.

***

Aus meinen Fenstern hatte ich unterdes einer Feier zugesehen, die, einzig in ihrer Art, schon von dem Spaßmacher des Kongresses für die Mitglieder desselben als letztes und neues Schauspiel gewünscht worden war. Es war die Beerdigung eines Feldmarschalls, und zwar die des Spaßmachers selbst, die des alten Fürsten Ligne, der am 17. Dezember 1814 seine Laufbahn beschlossen hatte, eine tätige und begebenheitsreiche, deren heitere Spur wir durch mehrere Generationen hinauf verfolgten. Ein sanfter Tod endigte mit freundlicher Hand sein langes glückliches Leben. Umringt von seiner zahlreichen Familie, Kindern, Enkeln und erwachsenen Urenkeln, starb er als frommer katholischer Christ. Dennoch blieb der Scherz ihm treu bis zum letzten Moment; denn als er seine Frau in einer Ecke des Zimmers weinen sah, sagte er, wenn auch mit wirklich gerührter Stimme: „Ah voilà le perroquet qui pleure! Pauvre perroquet!" So zärtlicher Vater und Großvater, so gleichgültiger Gemahl war er, man muss es gestehen, stets gewesen. Er und seine wirklich einem Papagei ähnelnde Frau hatten eine Ehe geführt, wie es in der großen Welt unzählige gibt; sie waren zwar ohne Hass, aber auch ohne Liebe ein langes Leben hindurch nebeneinander hergegangen. Bei alledem war ich dem alten Helden gut gewesen; das empfand ich recht lebhaft, als ich mitten in dem Pomp des Leichenbegängnisses seinen alten, sehr abgetragenen Hut erblickte. Da fühlte ich mich wahrhaft bewegt; denn einem geistreicheren, einem harmlos witzigeren Mann wird man nicht leicht wiederbegegnen, als dieser edle schöne Greis es war; das sagte ich mir mit wahrer Rührung.

Gräfin Elise von Bernstorff.

***

19. Dezember 1814.

Ich habe heute Morgen mit der Gräfin Chotek die Ausstellung der Porträts und Zeichnungen Isabeys besucht. Es waren viele Leute anwesend, unter anderen der Kronprinz von Bayern, welcher uns die Ehre erwies, seine künstlerischen Betrachtungen an uns zu richten. Isabey hat eine sichere Methode angenommen, um Erfolg zu haben: er schmeichelt außerordentlich. Es gibt selbst keine hässliche Frau, die, von ihm gemalt, nicht schön und lustig wie eine Sylphe erschiene. Sein Pinsel ist weich, anmutig, voll und zart, seine Farbengebung durchscheinend; aber er arbeitet für seine Zeit und nicht für die Nachwelt. Er hat hier alle Herrscher, Generäle, Prinzen oder Minister und selbst die hübschen Frauen, die eine Rolle auf dem Kongress gespielt haben, gemalt. Diese Sammlung von Miniaturen würde nach einem Jahrhundert großes Interesse haben, wenn die Zeit nicht die Farbengebung – heute schon sehr schwach – beeinträchtigt hätte. Ich liebe die manierierte Art, welche er für die Kostüme der Frauen angenommen hat, nicht; auch nicht die ewigen Rosengirlanden, mit denen er sie umgibt. Die Herzogin von Weimar, die Fürstin Bagration, alle Fürstinnen von Europa sind umgeben, eingewickelt, eingefüllt in Wellen von Musselin und verborgen unter Rosen. Und doch, es ist hübsch!

Baronin du Montet.

***

Später wurde unsere Aufmerksamkeit von jener Zeichnung gefesselt, welche unter dem Namen des Wiener Kongresses dem Künstler einen Platz unter der Reihe der berühmten Männer anweisen wird, welche er gezeichnet hat.

Jeder kennt diese Komposition. Sie repräsentiert den Saal des Kongresses in dem Augenblick, wo der Fürst von Metternich den Herzog von Wellington hineinführt. In der Mitte befindet sich Lord Castlereagh, den Arm auf einen Fauteuil gestützt; nahe bei ihm erblickt man Herrn von Talleyrand von vorn, den man unter allen leicht an seiner unerschütterlichen Ruhe heraus erkennt. Die übrigen Gesandten, Nesselrode, Humboldt, Hardenberg, Stakelberg usw., bilden eine Gruppe rings um den Tisch, auf welchem die Schicksale Europas besiegelt wurden. Jede dieser Figuren besitzt den ihr eigentümlichen Ausdruck, und ihre in die Augen fallende Ähnlichkeit hat in dieser Rücksicht den verdienten Ruf des Künstlers bestätigt. Eine bedeutende, bei dergleichen größeren Gemälden schwer zu beseitigende Schwierigkeit, welche in der Fernhaltung aller Steifheit und des Mangels an Zusammenhang besteht, hat Isabey glücklich überwunden; äußerst geschickt wusste er all seinen Figuren verschiedene Stellungen zu geben. Was anfangs nur eine Sammlung von Porträts sein sollte, ist ein wirkliches Tableau, ein Denkmal sowohl für die Kunst als für die Geschichte geworden.

Dem Grundgedanken nach sollte Lord Wellington in dieser Zusammenstellung nicht austreten, da er erst im Monat Februar 1815, und zwar um Lord Castlereaghs Platz einzunehmen, nach Wien kam. Diese Ankunft erforderte im Entwurfe der Zeichnung eine bedeutende Veränderung, nämlich die Hinzufügung einer neuen Person. Dieser Umstand ließ ihn den Augenblick wählen, wo der Herzog eingeführt wird, wodurch es ihm erlaubt war, an den übrigen Figuren keine Veränderung vorzunehmen. Isabey erzählte uns mit vielem Humor, wie der neu Angekommene einiges Missvergnügen darüber bezeigt hatte, sich so in einen Winkel des Gemäldes verbannt zu sehen, wo man nicht viel mehr von ihm als sein Profil sieht. Der geistreiche Künstler hatte ihn jedoch zu beruhigen gewusst, indem er ihm zeigte, wie eine unter dieses Profil gezeichnete Fraise nach der Mode des 16. Jahrhunderts ihm eine vollkommene Ähnlichkeit mit Heinrich IV. gebe. Diese Erklärung hatte dem englischen General genügt und ließ ihn den unglücklichen Platz, welchen die Forderungen der Kunst ihm angewiesen hatten, vergessen.

Graf de la Garde.

Fürst Metternich, österreichischer Minister des Äußern und Präsident des Kongresses, muss wohl vor allem die Aufmerksamkeit in Anspruch nehmen. Er war bei allen wichtigen Verhandlungen beteiligt, und wenn er sie nicht immer in seinem Sinne zu leiten vermochte, so beeinflusste doch stets seine Ansicht deren Endergebnis. Ein angenehmes Äußeres, gefällige Manieren, eine den Gebräuchen der höheren Zirkel angepasste Redegewandtheit, die vielfach für geistige Befähigung gehalten wird und dieselbe auch ersetzt, verschafften ihm große Erfolge in der vornehmen Welt und bereiteten seine Erhebung vor. Zur Leitung der Staatsgeschäfte gelangt, entfaltete er dabei eine schnelle Auffassung, achtungswerte und gerechte Anschauungen wie Klarheit der Ausdrucksweise; dagegen auch Trägheit des Geistes und etwas Schwaches, Unstetes und Wechselndes in seinen Ansichten, was ihm nie erlaubte, irgendeine Angelegenheit bis ans Ende zu verfolgen oder einen hartnäckig auftretenden Widerstand zu besiegen. Die Frauen, denen der Fürst sein ganzes Leben hindurch ergeben blieb und welche seine Aufmerksamkeiten gerne sahen, waren für ihn Werkzeuge, deren er sich nicht selten mit Vorliebe bediente; sie haben ihm mehr als einmal eifrige und erfolgreiche Dienste geleistet. Die Gemahlin Joachim Murats trug viel zu dem Abfall ihres Mannes bei, der den Verlust von Italien nach sich zog; auch auf dem Wiener Kongress ließen sich fast alle Damen bestimmen, ihm durch Verbreitung seiner Ansichten dienlich zu sein, und empfingen demgemäß Instruktionen, wie sie dem Charakter und der Stellung des Mannes entsprachen, dessen Huldigungen sie sich gefallen ließen. Jedermann ist bekannt, wie einst Kaiser Alexander, nach längerer Unterhaltung mit einer Dame, der er seine Aufmerksamkeit zugewendet hatte, ausrief: „Das ist ja ganz und gar Metternich selbst!" (*C'est du Metternich tout pur!*) Mag es nun sein, dass weniger ausgesprochene Charaktere einem Zeitalter der Mittelmäßigkeit überhaupt am besten entsprechen, oder dass der seinige für die Persönlichkeiten, mit denen er zu verkehren hatte, besonders geeignet war, sicher bleibt, dass kein österreichischer Minister, selbst Kaunitz nicht ausgenommen, je so glänzende Erfolge erzielte, wie wir dies bei ihm gesehen haben. Er beseitigte die Folgen aller vorausgegangenen Unglücksfälle und machte die Monarchie größer und stärker, als sie jemals gewesen war. Er wusste ihr das verlorene Vertrauen wiederzugewinnen, indem er sie allen schwachen Staaten als einen Anhaltspunkt zur Sicherung der inneren Ruhe darstellte. Dadurch, dass er den deutschen Fürsten stets die Revolution als ein Ungetüm vor Augen stellte, das sie zu verschlingen drohte, gelang es ihm, sie an seinen Triumphwagen zu fesseln, ihnen seine eigene Politik als das einzige Rettungsmittel gegen furchtbare Katastrophen aufzudrängen, allen Verdacht und alle Besorgnisse einer früheren Zeit zu beseitigen und so das österreichische Übergewicht in Deutschland fester zu begründen, als dies Napoleon trotz aller Übermacht mit dem seinigen gelungen war. Auf diese Weise hat er es vermocht, fortgesetzte vertrauliche Beziehungen zu den Ministern aller Staaten anzuknüpfen, teilt ihnen mit, was er zu ihrer Kenntnis gebracht wünscht, und vertritt in allem diejenige Anschauungsweise, von der sie nach seiner Meinung ausgehen sollten. Italien steht völlig unter seinem Einfluss, indem er zu diesem Zweck mit Gewandtheit die unfertigen inneren Zustände Frankreichs und die besonderen, von der Landespolitik unabhängigen konservativen Interessen der Bourbonen, desgleichen die Vorurteile und Besorgnisse des Kaisers Alexander zu benutzen wusste. Insbesondere bot ihm die Niederschlagung der Aufstände in Neapel und Piemont den doppelten Vorteil, jede Gefahr einer Erschütterung von dem österreichischen Staate fernzuhalten und seine Finanzkräfte zu schonen, indem ein großer Teil der Armee von den Völkern unterhalten wird, deren Ketten sie fester zu schmieden dient. Es lässt sich erwarten, dass es ihm noch gelingen dürfte, selbst Russland einzuschränken, dessen weitere Ausdehnung unter dem Anschein der Dienstfertigkeit zu verhindern und einen Bruch mit der Türkei zu vermeiden, zu welchem den Petersburger Hof seine Ehre und sein Vorteil gleichmäßig bestimmen sollten.

Maximilian Graf von Montgelas.

***

Metternichs Frivolität zeigte sich ohnerachtet der Krisis der großen Angelegenheiten unvermindert. Er beschäftigte sich mit Anordnung der Hoffeten, Tableaus usw. bis ins kleinste Detail, sah dem Tanz seiner Tochter zu, während Castlereagh und Humboldt zu einer Konferenz auf ihn warteten, legte den Damen, die bei den Tableaus erscheinen mussten, Rot auf. Metternich hat Verstand, Gewandtheit, Liebenswürdigkeit; es fehlt ihm an Tiefe, an Kenntnissen, an Arbeitsamkeit, an Wahrhaftigkeit. Er liebt Verwicklungen, weil sie ihn beschäftigen und es ihm an Kraft, Tiefe und Ernst fehlt zur Geschäftsbehandlung im großen und einfachen Stil. Er bringt auch oft durch seinen Leichtsinn, seine Geschäftsabneigung, seine Unwahrheit welche hervor, ohne es zu wollen. Er ist kalt und daher abgeneigt, die edleren Gefühle im Menschen anzusprechen. Daher kam es, dass dem österreichischen Heer alle Begeisterung fehlte, die allein zur Selbstaufopferung und zur Ausdauer im Unglück führt. Seine Fehler verhindern, dass er nicht den großen Einfluss, die feste Stellung gegen seinen Herrn und gegen das Publikum erlangt hat und behauptet, den er brauchen würde, um die Schwäche, das Vorurteil des ersteren unschädlich zu machen, die mannigfaltigen, geheimen Einwirkungen zu vernichten und um das letztere kräftig zu beherrschen. Er muss mit dem einen und dem anderen unterhandeln und Mittelwege einschlagen, die äußerst verderblich sind.

Freiherr vom Stein

***

Das gestrige Fest bei dem Fürsten Metternich war mit das Prächtigste, was man hier erleben kann; beim Eintritt in den Garten sah man eine prächtige Illumination und bengalische Feuer, die es an Helligkeit mit dem schönsten Sonnenschein um die Mittagsstunde aufnahmen. Die Wagen hielten unter einem geschmückten Zelt an, und man stieg gegenüber von einer Treppe ab, wo zu jeder Seite etwa hundert Diener amphitheatralisch aufgestellt waren, deren Livreen mit Gold und Silber dermaßen beladen waren, dass man die Grundfarbe ihres Anzuges nicht entdecken konnte. – Wir kamen um zehn Uhr an, und das Glück wollte es, dass wir der letzte Wagen waren, der vor der Ankunft des Fürsten anfahren konnte. In der Tat fanden wir auf der Treppe Herrn von Metternich, seine Frau und die Großen des Hofes, die die Ankunft des Monarchen erwarteten; wir beeilten uns, in die Salons einzutreten, die wundervoll ausgeschmückt waren. Der erste Saal stellte ein Zelt mit militärischen Trophäen dar, der zweite war ein rechteckiger Tempel, von Säulen umgeben, die ein geräumiges Peristyl bildeten, wo man spazieren gehen und sich niederlassen konnte, sodass der Ballsaal niemals beengt wurde durch die, die nicht tanzten. Da die Gesellschaft sich nur aus dem ersten Adel Wiens zusammensetzte, war es unmöglich, reichere Kostüme als dort zu sehen; jede Frau hatte Diamanten für enorme Summen.

Die Monarchen traten ein unter den Klängen einer prächtigen Musik; sie fingen dann an, die Polonäse zu tanzen, indem sie den ganzen Saal entlangschritten. Ich habe in Frankreich kein solch schönes Fest gesehen, wenn ich die Zahl der versammelten Monarchen, die Auswahl der Gesellschaft, den Reichtum der Toiletten und die Art der Beleuchtung in Betracht ziehe; die Bälle in den Tuilerien waren zahlreicher besucht und die Salons größer, aber viel weniger gut erleuchtet, was die Hauptsache ist, um ein Fest großartig zu gestalten.

Jean-Gabriel Eynard.

***

Die den Umständen entsprechendste und dadurch wichtigste und brauchbarste Tätigkeit war ohne Zweifel in Gentz vorhanden. Der österreichische Hofrat stand sichtbar weit über diesem äußeren Rang und genoss eines europäischen Ruhmes und Ansehens. Seine Stellung in den österreichischen Staatsgeschäften gab ihm schon Bedeutung genug, aber als Führer des Protokolls der Kongressberatungen, als Mitglied so mancher Ausschüsse und Kommissionen, als kundiger Berater und lichtvoller Darsteller wurde er nach allen Seiten auch den höchsten Personen wichtig, und die ersten Staatsmänner gingen mit ihm auf dem Fuße der Gleichheit um. Damals konnte kein Zweifel aufkommen, wer Gentz sei und was es mit ihm auf sich habe; die Beteiligten wussten es nur zu gut und suchten die Früchte seines Geistes und seines Talents für sich zu ernten. Er vermochte vielerlei Ansichten zu erfassen, mannigfache Interessen dialektisch zu vertreten, und sein Gespräch wurde durch seinen Reichtum belehrend für Freund und Feind; aber wo es bestimmte Fragen galt, wirkliche Festsetzungen von unmittelbarer Anwendung, da verleugnete sich seine glänzende Beweglichkeit, und wer ihn europäisch, oder englisch, oder vorzugsweise deutsch, oder auch etwa von alters her noch etwas preußisch wünschte, der fand ihn zunächst und hauptsächlich doch nur österreichisch. Dafür musste er viel Misswollen und Gehässigkeit von Seiten derer leiden; deren eigenwilligen Erwartungen er nicht entsprach. Dass er einer der wichtigsten, tätigsten und geschicktesten Männer auf dem Kongress gewesen, bezeugt auch ausdrücklich Herr von Gagern, der mit ihm unmittelbar zu verhandeln hatte. Humboldt rühmte von ihm, dass unter seinen Händen nichts ungeschickt bliebe, und dass immer, wo er eingriff, die Sachen eine angemessene, haltbare Gestalt bekämen.

Varnhagen von Ense.

***

Ich kann nicht umhin, hier einen Zug .einzuschalten, der nicht nur der ernsten Zeit, sondern auch des Staatsmannes ziemlich unwürdig ist, von dem er ausging. So wichtig der Augenblick also dem Fürsten Metternich auch erschien, so verdrießlich und betrübend ihm die Ereignisse sein mussten, so siegte dennoch seine spaßhafte Laune über den Ernst der Lage so sehr, dass er es nicht verschmähte, seinem Sekretär, dem Protokollführer des Kongresses, Herrn v. Gentz, durch eine Mystifikation einen beinahe tödlichen Schreck einzujagen. Er setzte nämlich ein Manifest auf, worin Napoleon eine Belohnung von vielen Tausenden (Dukaten) dem verhieß, der ihm Gentz tot oder lebendig ausliefere oder nur Beweise seiner Ermordung beibringen werde. Dieses Manifest wurde in ein eigens für Gentz gedrucktes Zeitungsexemplar aufgenommen und dem feigen Manne wie gewöhnlich mit dem Morgenkaffee vor sein Bett gebracht. Es wirkte zum größten Gaudium seines Vorgesetzten beinahe lähmend auf den Unglücklichen.

Gräfin Elise von Bernstorff.

***

4. Dezember 1814.

Gentz sehe ich sehr wenig, ich kann sagen, fast gar nicht. Es gab, seitdem ich in Wien bin, nur zwei Dinge, die mich zu ihm hinzogen, einmal der Nutzen, den man oft aus seinen bekannten Eigenschaften ziehen kann, dann eine gewisse Anhänglichkeit, die er gegen mich bewies, ob ich gleich, wenn ich sonst nicht selbst einen Menschen achte und liebe, dagegen ungläubig und undankbar bin, wie man mir oft mit Recht vorgeworfen hat. Die Preußen sind alle gegen ihn und bestätigen darin Dein Urteil. Stein sagte neulich zu mir nach einer Unterredung mit ihm, worin Gentz glaubte, sich ganz mit Stein versöhnt zu haben: „Was wollen Sie, er gibt mir in allem Recht, weil er sich vor mir fürchtet. Es ist ein Mensch von vertrocknetem Gehirn und verfaultem Charakter." Der Kanzler traut ihm nicht und ist ihm nicht gut.

Wilhelm von Humboldt an seine Frau.

***

Zu guter Zeit im Gesandtschaftshotel angelangt, begab ich mich aus den Zimmern des Herrn Rouen[7] in das Empfangszimmer. Es war noch niemand da als Herr von Talleyrand, der Herzog von Dalberg[8] und die Gräfin Edmund von Périgord[9], die ich schon bei der Gräfin Fuchs gesehen. Der Fürst empfing mich mit der leutseligen Anmut, welche seine zweite Natur war, nahm mich mit einer Freundlichkeit bei der Hand, die mich an eine andere Zeit erinnerte, und sagte: „Es war also nötig, dass ich nach Wien komme und Sie förmlich einlade, mein Herr, damit Sie mich besuchen?"

Ich weiß nicht, ob ich mich irrte, aber in diesem Augenblicke schien es mir, als ob er das Axiom verleugnete, das man ihm zugeschrieben hat: Das Wort ist dem Menschen verliehen, um seine Gedanken zu verbergen. Dann stellte er mich, ohne meine Antwort abzuwarten, die, wie er an meiner Verlegenheit merken konnte, nicht besonders ausgefallen wäre, dem Herzoge von Dalberg vor, indem er diese Vorstellung mit einigen artigen, schmeichelhaften Worten begleitete.

---

7   Sekretär Talleyrands.

8   Vertreter Frankreichs.

9   geb. Dorothea von Kurland, vermählt mit einem Neffen Tallyrands.

Seit 1806 hatte ich Herrn von Talleyrand nicht gesehen und fand an ihm noch dieselbe geistvolle Feinheit des Blickes, die unerschütterliche Ruhe in seinen Zügen, die Haltung eines überlegenen Mannes, die mich, wie ganz Europa, das sich jetzt zu Wien befand, ihn als den ersten Diplomaten aller Zeiten betrachten ließ: er hatte noch dasselbe tiefe, klangvolle Organ, dieselben ungezwungenen, natürlichen Manieren, denselben Weltton, den Widerschein einer Gesellschaft, die dahingegangen war und als deren letzten Repräsentanten man ihn ansah. In diesem Salon, einem solchen Manne gegenüber, konnte man sich eines unwiderstehlichen Gefühls von Schüchternheit und Furcht nicht erwehren. Ich suchte mit den Augen meine Freunde, die Herren Rouen und Boigne de Faye: ihre Gegenwart, ihr Beistand beruhigte mich, wenn ich daran dachte, dass ich vor diesem geistreichen Tribunal erschienen sei, dessen Gewichtigkeit durch eine Erinnerung aus meiner Jugend noch vermehrt wurde.

Das Lob der französischen Bevollmächtigten beim Kongresse lag schon im Klange ihrer Namen; aber Herr von Talleyrand schien durch den Reiz und die Macht seines Geistes noch besonders jene berühmte Versammlung zu dominieren. Immer derselbe, trieb er Diplomatie, wie er sie schon ehemals in seinen Salons zu Paris oder Neuilly nach einer gewonnenen Schlacht getrieben. Indessen war die Rolle Frankreichs damals ebenso schwierig wegen der äußeren Umstände wie wegen innerer Verlegenheiten. Von einer Menge Hindernisse umgeben, welche eine unvermeidliche Folge einer neuen Organisation und der geringen Harmonie waren, die dadurch herbeigeführt wurde, konnte die französische Diplomatie keine mannhaften Schritte tun. Man wusste es wohl, dass solche weder in der Macht, noch in dem Willen der Regierung lagen. Die Großmächte, welche als Schiedsrichter beim

Kongresse auftraten, verfuhren mit einer Einstimmigkeit, die in den diplomatischen Annalen ohne Beispiel war. Es schien, dass nichts auf der Welt ein Glied dieser geschlossenen Kette lostrennen könnte. Die Repräsentanten Frankreichs waren daher einzig darauf angewiesen, durch die Quellen ihres Genies und ihr Talent vom ersten Range zu ergänzen, was die Hindernisse ihnen entzogen, die eine Quadrupelallianz mit dem ganzen Gewicht ihres augenblicklichen Ansehens und ihrer Einigkeit ihnen in den Weg legte.

Die Gewalt, welche Herr von Talleyrand bei seiner Regierung nicht fand, fand er in sich selbst: denn man kann sagen, dass er es war, in dem sich die französische Legation beim Kongresse konzentrierte, wie groß auch das Verdienst seiner Kollegen war und das Gewicht, das sich an ihre Person knüpfte. Mit jenem wunderbaren Verständnis der Ereignisse, welches die eigentümliche Begabung seines Geistes war und sie vorauszusehen und zu beherrschen schien, wusste er bald den Frankreich zukommenden Platz einzunehmen.

In das leitende Komitee eingeführt, das aus den vier Großmächten zusammengesetzt war, stieß er gänzlich dessen Ansichten und Tendenzen um. „Ich bringe Ihnen mehr, als Sie besitzen", sagte er zu ihnen, „die Idee des Rechtes." Er teilte die Mächte, die bis dahin so einig gewesen waren: er ließ die Gefahr merken, die es haben müsse, wenn Russland, unmäßig vergrößert, auf dem übrigen Teil von Europa lastete, und wies die Notwendigkeit nach, es gegen den Norden zurückzudämmen. Er wusste diese Überzeugung England und Österreich beizubringen. Deshalb sah auch Alexander, der sechs Monate vorher unter dem Einfluss und im Salon des Herrn Talleyrand die Restauration des Hauses Bourbon entschieden hatte, mit Missvergnügen seine Projekte durch den Repräsentanten eines Staates gehindert, der ihm seine Existenz verdankte. In seiner üblen Laune sagte er häufig: „Herr von Talleyrand spielt hier den Minister Ludwig des XIV."

So wie in den Erörterungen der europäischen Politik sein hoher Ruf, die an seinen Namen, an seine Erfahrung geknüpfte Bedeutsamkeit maßgebend war, ebenso hatten in seiner Häuslichkeit, in seinem Salon seine vornehmen Manieren, seine Urbanität einen Stempel von Würde, die ganz und gar mit seiner diplomatischen Stellung im Einklang war. Er hatte in Wien seine Pariser Gewohnheiten des vorigen Jahrhunderts beibehalten. Alle Tage nahm er zu seiner Toilettenzeit seine Visiten an; und während sein Kammerdiener ihn frisierte, entspann sich oft in Form von Plauderei die ernsthafteste Diskussion. In seinem Salon habe ich ihn so manches Mal auf dem Sofa neben der schönen Gräfin Edmund von Périgord sitzen sehen, von allen diplomatischen Bedeutsamkeiten, allen Ministern der siegreichen Mächte umgeben, die sich stehend mit ihm unterhielten und wie Schüler ihrem Lehrer ihm zuhörten. In unserem Jahrhundert ist Herr von Talleyrand vielleicht der einzige Mann, welcher fortwährend einen solchen Triumph genossen hat.

Der Fürst gab ein Gabelfrühstück zu seiner Geburtsfeier; er trat an jenem Tage in sein einundsechzigstes Jahr.

Auch ich war so glücklich, mich unter der Zahl seiner Gäste zu befinden. Männer, die sich darin gefallen, die geringsten Besonderheiten aus dem Leben und Charakter eines berühmten Mannes zu sammeln, haben nicht vergessen, die fast ängstliche Sorgfalt, welche der Fürst von Talleyrand auf sein Äußeres verwandte, sowie dies Koketterie, die er bei seinem Petit-Lever zeigte, aufzuzeichnen. In der Tat erinnerte dieses Lever zugleich an Mazarin und die Pompadour. Begierig, die Einzelheiten kennenzulernen, folgte ich den Herren Boigne de Faye und Rouen, die ihrem hohen Gönner ihre Glückwünsche darbringen wollten, in dessen Schlafgemach.

Der Meister der Diplomaten erschien in diesem Augenblicke außerhalb der dichten Vorhänge seines Bettes. Eine kleine Anzahl von Vertrauten beiderlei Geschlechts hatte sich dort bereits versammelt. In einen Pudermantel von gefaltetem und gemodeltem Musselin gehüllt, schritt der Fürst zur Toilette. Zuerst überantwortete er sein reiches Haar, nicht wie der Mann von gewissem Alter bei Lafontaine etwa zwei Frauen, sondern zwei Friseuren, welche sich nach Herzenslust damit zu schaffen machten und endlich jenes Ensemble freiflatternden Haares herausstellten, das jedermann kennt. Dann kam die Reihe an den Barbier, und hierauf ließ er sich in eine Wolke von Puder hüllen. Nachdem die Toilette an Kopf und Händen beendigt war, ging man zu den Füßen über – ein weniger ergötzliches Detail wegen des ekelhaften Geruchs des Eau de Barèges, womit er sich sein hinkendes Bein stärken ließ. Jetzt war alles untadelhaft beendigt und wir konnten, ohne Kammerdiener zu sein, diesen Heros der Diplomatie im Negligé betrachten. Er erschien mir so vielleicht mehr denn im Ministergewande als ein feiner Weltmann, als ein Muster jener adeligen und höfischen Manieren, die jetzt leider nur noch in der Erinnerung leben. Jetzt hatte der erste Kammerdiener sein Amt zu verrichten. Es bestand darin, das Ensemble zu ergänzen, zu vervollkommnen und, wo nötig, zu glätten. Nachdem er seinem Gebieter die Krawatte umgelegt und diese mit einem sehr eleganten Knoten geschlossen hatte, schritt er zu demjenigen über, was seine Funktionen noch ferner in Anspruch nahm. Dieses alles wurde mit einer gewissen vornehmen Leichtigkeit und jener Nachlässigkeit ins Werk gerichtet, die nur den Mann sehen lassen, ohne sich um seine Metamorphosen groß zu kümmern.

Bei Tische bewährte Herr von Talleyrand nicht nur seine gewöhnliche Urbanität und Anmut, sondern er zeigte sich auch liebenswürdiger als in seinen Salons, wo man, ungeachtet seiner sorglosen Miene, wohl bemerken konnte, dass er auf sich achtete. Hier zeigte er nicht das gewöhnliche Schweigen, welches er, wie man sagte, bis zur Beredsamkeit erhoben hatte, wie er die Erfahrung bis zur Voraussicht zu erheben wusste. War sein Gespräch hier weniger tief, so war es ebendeshalb vielleicht nur umso unwiderstehlicher: er sprach aus dem Herzen und ohne Zwang.

Graf de la Garde.

***

Talleyrand gehört zu denjenigen Menschen, welche das Leben durch mancherlei Wechsel am Ende doch nur zu deutlicher Selbstsucht führt. Das Gefühl der Freiheit, das ihn in früherer Zeit wirklich beseelte, war nicht stark genug, den Ereignissen zu widerstehen; ebenso wenig bestand die Vorspiegelung vaterländischen Ruhmes und Nutzens, die seinen Anteil an Napoleons Staatsführung veredeln sollten, und die er andern und auch wohl sich selbst einzureden suchte. Der persönliche Nutzen bestimmte die Anschließung an die Bourbons, wie früher die an Napoleon. Diese Triebfeder bildete sich bei ihm desto mehr in Geldgier aus, je schlimmer ihn frühere Armut gedrückt hatte, und es scheint bei ihm Hauptmaxime alles Handelns geworden, um jeden Preis die Wiederkehr solchen Druckes zu vermeiden. In seinem ganzen Benehmen scheint das Priestertum[10] noch durch, dem er zuerst angehörte; die Verschlossenheit, die Ruhe, die gesellige Leichtigkeit, der nachdrückliche Ernst und

---

10 Talleyrand war von 1788–91 Bischof von Autun.

geistreiche Witz, welche sich in ihm vereinen, haben viel Priesterart. Er weiß sehr gut, dass seiner inneren Überlegenheit sein äußeres Auftreten nicht entspricht, und hält dieses daher mit Fleiß in engen Schranken. Den schwärmerischen Ideen, die ihn nicht mehr beherrschen, hat er darum noch nicht alle Neigung entzogen, im Gegenteil, er nimmt mit Vorliebe die Richtungen seiner Jugend wieder auf, und ließe sich sein Eigennutz mit den früheren Gestaltungen verbinden, er sähe diese am liebsten wieder die Welt beherrschen. Man darf bezweifeln, dass er es mit den Bourbons ernstlich meine, oder nicht wenigstens zu der alten Bahn der Orleansschen Faktion hinneige. Auf gleiche Weise, wie an jenen Ideen, hält er auch an seinen alten Freunden fest, mit aufrichtigem Herzen und treuem Sinn; es müsste schon arg kommen, dass er sie verleugnete. Die Gelehrten und Schriftsteller begünstigt er auf alle Weise und sucht sie für sich zu gewinnen, weil er ihren stillen Einfluss wohl zu würdigen weiß. Die große Erfahrung und Übersicht, die er zu den Geschäften mitbringt, und die Geistesschärfe, mit der er gleich das Nächste wirksam fasst und bewegt, würden ihn bei dem Kongresse mehr, als er es schon ist, bedeutend machen, wäre ihm nicht die Achtung der Besseren entzogen, und raubte sein verstecktes und ränkesüchtiges Wesen ihm nicht das Vertrauen, selbst derer, die ihn beauftragt haben. Er arbeitet wenig und ungern, und sein größtes Talent ist, andere für sich arbeiten zu lassen und selbst die bedeutendsten Menschen in dieser Art sich unterzuordnen. Überhaupt versteht er besser, die auf seiner Seite wirkenden Menschen als die ihm gegenüberstehenden zu gebrauchen. Wo es aufs Handeln ankommt, lässt er sich durch nichts irren, kennt weder Liebe noch Hass, folgt keinem Nebeneindruck, sondern ganz einfach und bestimmt seinem wohlüberlegten Vorhaben; keine fremde Eigenschaft wirkt auf ihn, und es bliebe wenig gegen ihn auszurichten, wenn er nicht doch das Geld zu sehr liebte und die Waffenentscheidung immer fürchtete.

Varnhagen von Ense.

***

Dezember 1814.

Talleyrand kann sich weniger geltend machen, als sollten wir in unseren Zeiten allen Schimmer von den Franzosen abfallen sehen. Man meint: „sa politique ne valait plus rien n'étant point appuyée de quatrecent-mille bajonettes." Auch hat dieser Minister eigentlich nichts durchgesetzt; er hält aber gewiss durch manche geschickte Intrigen die Teile, die Frankreich nicht vereint zu sehen wünscht, auseinander. „Je ne veux rien pour moi", sagt er, „la France ne demande rien; je ne suis ici que pour maintenir les principes politiques et pour empêcher, qu'aucun attentat n'y soit porté." – Trotz dieser Rede muss man doch wohl an eigentliche Instruktionen glauben zu irgendeinem positiven Zweck; er hat aber noch keinen erreicht. Muss man nicht glauben, dass Ludwig XVIII. daran liege, die Bourbonen wieder auf den Thron von Neapel zu heben? – Muss man nicht ganz natürlich an das alte Interesse Frankreichs denken, sich nur von kleinen Fürsten umgeben zu sehen?

Graf Karl von Nostitz.

***

Talleyrands ausgebreiteter Ruf und die hohe Meinung der Monarchen von seinen Talenten sicherten ihm auf dem Kongress einen bedeutenden Einfluss; er nahm fast an allen Verhandlungen teil und wirkte zu dem Ergebnis mancher derselben mit. Die europäischen Mächte hatten zwar dem König von Frankreich das Versprechen abgenommen, sich auf keine Art in die Verteilung der mit Waffengewalt gemachten Eroberungen einzumischen; im Übrigen jedoch sollte Frankreich bei allen Verfügungen von allgemeinem Interesse mitwirken. Ungeachtet dieses Versprechens hielt sich aber der Tuilerienhof für befugt, wenigstens auf mittelbare Weise seine Begünstigten zu unterstützen; durch die Instruktionen der französischen Vertreter, welche ich selbst vor Augen gehabt habe, waren dieselben angewiesen, soviel wie möglich zugunsten Sachsens und Sardiniens, auch für die Wiederherstellung Polens sich zu bemühen, desgleichen auf den Sturz Murats und die Entfernung des französischen Usurpators von der Insel Elba hinzuwirken.

Man bemerkt, dass bei aller Schonung Frankreichs ihm wenig Vertrauen geschenkt wurde, weil der mögliche Anschluss der Staaten zweiten Ranges an dasselbe und der Schuh, den es ihnen zu gewähren geneigt sein mochte, Besorgnis erweckten; dass übrigens Herr v. Talleyrand seinem König und Vaterland treffliche Dienste leistete, bald größeren Einfluss gewann, als man ihm anfänglich zugestehen wollte, und ohne die Schicksalsschläge, welche sein Werk zerstörten, vielleicht ein entschiedenes Übergewicht auf dem Kongress erlangt hätte.

Maximilian Graf von Montgelas.

***

Für England traten Lord Castlereagh und sein Bruder Lord Stewart, ferner Lord Clancarty und Lord Cathcart, später auch der Herzog von Wellington auf. Castlereagh war ohne persönlichen Schimmer, seine Ansichten galten für beschränkt, seine Meinung schien oft von äußeren Eindrücken abhängig, und sein Verhandeln geschah mehr im Sinne eines Sachwalters als eines Staatsmannes. Er sprach viel, ohne viel zu sagen; auch wusste man längst, dass er im Parlamente nicht als Redner glänzte. Seinen Lieblingsausdruck „*features*" gebrauchte er auch hier mit Übermaß und Ungeschick, zum großen Ergötzen Humboldts, der solcherlei nicht umkommen ließ. Die schwierigen Verhältnisse, die er für sich, wenn er wieder zu Hause sein würde, im Parlamente voraussah, bestimmten oft hauptsächlich, worauf er bestand und worin er nachgab, und brachten vielen Gegenständen entschiedenen Nachteil. Clancarty war der sorgsame, fleißige Arbeiter, dem die Einzelheiten sich leicht in gute Übersicht stellten, und der vieles ordnen half.

Varnhagen von Ense.

***

Um diese Zeit gab Lord Castlereagh einen großen prachtvollen Ball. Alle Gesellschaften hatten in Wien ihr eigenes Gepräge; vorzüglich zeigten sich die Privatbälle der vornehmen Diplomaten, obgleich sie alle nach demselben Muster zugeschnitten waren, dem Äußeren sowohl als dem Inneren nach sehr voneinander verschieden. So hätte man zum Beispiel den des Lords einen Ball der Hoffart nennen können; denn wenn er glänzend war, so war er zugleich abgemessen wie der Hochmut und frostig wie die Anmaßung. Ja, man kann wohl behaupten, dass der Hochmut und die Anmaßung, welche Milady auf dem Karussell zur Schau getragen und die den Orden vom blauen Hosenbande ihres Gemahls ihr auf die Stirn geprägt hatten, ihr auch in die vergoldeten, duftenden und glänzend ausgeschmückten Salons gefolgt seien. Das kostbare Souper konnte das Eis dieses Abends nicht schmelzen. Was Mylord anlangt, so erschien er, wie man es denn mitten unter diesen so muntern Festen voll Taumel und Freude von ihm nicht anders gewohnt war, auch diesmal befangen und mit sorgenschwerer Miene. Selbst sooft seine Herrlichkeit tanzte, hätte man glauben mögen, dass er durch die raschen Bewegungen einer Gigue oder eines schottischen Reels nur den schweren Gedanken, welche ihn beklemmten, zu entfliehen suchte.[11] Wollte Lord Castlereagh den Verdruss über das Misslingen einer hinterlistigen Politik verscheuchen? Sann er schon auf den letzten Austritt des politischen Dramas seines Lebens, in welchem katonischer Stoizismus Hand in Hand mit dem finsteren Spleen seinem Leben durch Selbstmord ein Ende machte? Das ist ein Rätsel, welches die Geschichte noch nicht gelöst hat.

Graf de la Garde.

***

Wir kommen von einem Besuche bei Lady Castlereagh. Wir traten ein in einen schlecht erleuchteten Salon, in dem Lord Castlereagh und ein Dutzend Herren standen; seine Frau kam unseren Damen entgegen; sie machte eine ziemlich linkische Verbeugung, ohne etwas zu sagen, und gab ihnen ein Zeichen, sich auf ein Sofa zu setzen, wo schon eine Dame Platz genommen hatte, die Fürstin von Isenburg; Lady Castlereagh kam dann auf uns zu, um uns einige Worte mit einer ziemlich kindlichen Miene zu

---

11 Seine Lordschaft war nicht weniger tanzfreudig als Alexander. Die Gräfin Du Montet plaudert amüsant darüber: Lord Castlereagh tanzt jeden Abend zwei Stunden lang mit seiner Frau oder seiner Schwester, wenn er keine andere Partnerin hat. Er sagt, dass diese körperliche Bewegung ihm durchaus nötig ist, um sich von der Kopfarbeit des Tages zu erholen, und wenn er diese Damen nicht zur Verfügung hat, so stellt er Stühle auf und tanzt ernsthaft mit diesem seltsamen Partnern.

sagen, und sobald andere Herren eintraten, ging sie ihnen entgegen, um einige Worte mit ihnen zu wechseln. Unsere Damen plauderten einen Augenblick mit der Fürstin von Isenburg und einer anderen Dame, ohne dass jemand vom Hause sich ihnen näherte; schließlich näherte sich Lord Castlereagh Anna[12] und sagte ihr einige nebensächliche Worte; er zog sich dann wieder in den Hintergrund des Salons zurück, um sich mit den Herren zu unterhalten. Eine Viertelstunde nach unserer Ankunft, während welcher sich Lady Castlereagh um die Damen nicht bekümmert hatte, meldete man die Fürstin von Esterhazy an, die mit fünf oder sechs anderen Damen eingetreten war. Lady Castlereagh begrüßte sie mit demselben kurzen Nicken und blickte umher, ob noch Plätze auf dem Sofa waren, und da sie augenscheinlich sah, dass es besetzt war, ließ sie alle Damen stehen. Anna und Frau von Ivernois[13] erhoben sich aus Höflichkeit, und während einer halben Stunde standen alle, Herren und Damen, durcheinander in dem Salon, als ob man in einem Café wäre.

Jedermann beklagt sich über den Mangel an Formen bei den Engländern und Engländerinnen, es gibt keine Art Unhöflichkeit oder linkischen Benehmens, die sie nicht fertigbekommen, doch ist es viel mehr Mangel an gesellschaftlicher Bildung als die Absicht, unhöflich zu sein. Diese Nation, die während eines Vierteljahrhunderts vom Kontinent getrennt war, ist ein wenig verwildert, und da ihr Nationalstolz sie daran hindert, sich nach den anderen zu richten, machen sie tausend Dinge, die seltsam erscheinen, und sagen ganz ruhig, dass sie den Sitten ihres Landes entsprechen. Ich weiß nicht, ob Herr von Talleyrand ihnen hat eine Lektion geben wollen, oder ob er durch

---

12 Eynards Frau.
13 Ivernois war der Vertreter Genfs.

irgendeine Formlosigkeit mit einer anderen Taktlosigkeit sich hat rächen wollen, Tatsache ist jedenfalls, dass er vorgestern Lord Castlereagh eingeladen hatte; dieser spitzte sich auf ein großes diplomatisches Diner und war sehr erstaunt, an Stelle der Minister Mlle. Bigottini[14] zu finden; man erzählt sich nicht, wie der edle Lord dies aufgenommen hat; aber man schwatzt viel darüber, und die Spötter sind nicht auf der Seite der Engländer. Der Streich ist in der Tat sehr gewagt von Seiten Talleyrands, aber die Lektion kann nützlich sein.

Jean-Gabriel Eynard.

***

Ich eile zu der letzten Soiree Mitte Februar, welche das Castlereaghsche Ehepaar vor seinem Scheiden gibt. Der Abschied war fürs Leben, das sagte man sich wohl, wenn man auch nicht ahnte, welchem trüben Schicksal der Biedermann entgegenging. Wenige Jahre nachher hat er im Wahnsinn durch einen Schnitt in die Gurgel seinem so tätigen, und, wie es schien, so heiteren Leben ein Ende gemacht. Seinem Nachfolger, dem Helden Herzog von Wellington, sah besonders die Damenwelt mit Ungeduld entgegen. Endlich erschien der edle, schöne Mann, bedeckt mit Orden, bedeckt mit Ruhm. Galt es diesem allein, wenn die Damen ihn umdrängten und wenn sie bei ihrer Vorstellung sich einen Kuss von ihm ausbaten? War es norddeutsche Sitte, die mich zurückhielt, oder vielleicht mein, seit der näheren Bekanntschaft mit den anderen Helden, etwas abgekühlter Enthusiasmus, vielleicht auch noch ein Nest von Blödigkeit, genug, ich drängte mich nicht an ihn heran und musste nachher noch die Gelegenheit suchen,

---

14 Französische Tänzerin.

um ihm vorgestellt zu werden; denn das gehörte zu der Etikette, die bei einem Botschafter beobachtet wurde. Von der Art seiner Geselligkeit in Wien will ich nur sagen, dass er nicht dem Beispiel seines Vorgängers folgte, alle Abende zu empfangen, sondern ein oder zwei Tage in der Woche festsetzte, an denen dann die Gesellschaft herbeiströmte. Einmal, in den ersten Tagen des März, fand man seine Tür zwar auf, sein Vorzimmer angefüllt mit seinem Gefolge, Lady Radcliff, um die Honneurs zu machen, in dem Salon bereit, die Gäste zu empfangen; allein er selbst war verreist, hatte eine Exkursion nach Preßburg unternommen. Zu den Düpierten gehörten nicht nur viele der angesehensten Personen, sondern sogar der König von Preußen; – so etwas gewann nicht für den Botschafter Großbritanniens!

Gräfin Elise von Bernstorff.

***

Anfang Februar 1815.

Die Ankunft von Wellington ist die neueste interessante Kongresserscheinung. Er soll Castlereagh ablösen, weil dieser das neue Parlament eröffnen muss, und man erwartet auch von diesem Umstande eine Beschleunigung in den Geschäften, weil der *right honourable* Lord doch mit einigen Nachrichten im Parlament austreten möchte. Es tut mir leid, den Herzog von Wellington als Diplomaten zu sehen. Wer als Krieger so hoch gestanden, erniedrigt sich jetzt als Politiker: er sollte das Schwert nur führen, um den schlechten verwirrten Knoten zu durchhauen. Britannien sollte mit dem Sieger der Welt nicht so freigebig sein; mir scheint es aber auch, er wolle mehr imponieren als wirken.

Das erste Auftreten des edlen Lords war bei seinem Bankier Herz, wo er sich den Tag nach seiner Ankunft zum

Essen bat. Da bei jenen Geldmännern sich jetzt alle Großen der Erde zusammenfinden, so war es kein Wunder, bei dieser Gelegenheit die ganze hohe Diplomatie vereinigt zu sehen. Metternich, Talleyrand, Löwenhielm[15], Castlereagh, Cathcart, Palmella[16], Gentz, General Koller[17], Czernyscheff[18] und einige wenige Artigkeitsgäste, zu denen ich auch gehörte.

Wellington trat auf mit allen ersten Orden, weil er von dem Diner zu einer Soiree zu Castlereagh ging. Er ist von großer Statur, seine Haltung ist zuverlässig, einfach und fest, er trägt Kopf und Brust frei, hat eine sehr bestimmte, römische Nase, eine hohe Stirn, doch weder sehr glänzende, noch strahlende Augen. Er lässt die Leute ruhig sprechen und hört aufmerksam zu; seine Antworten sind kurz, sein Widerspruch artig. Es liegt in dem ganzen Wesen des Mannes mehr Ruhe als vorspringende Größe, und ein Ernst, der viel Gefälliges hat. Weniger angenehm ist sein sonst gehaltener und adeliger Blick, wenn er anfängt zu sprechen; er zeigt dann einen Mund, dessen schiefstehende Zähne die Harmonie des Ganzen stören. Doch ohne Zergliederung des einzelnen ergreift einen das ganze lebendige Bild des Mannes durch den Ausdruck der Sicherheit und der Einfachheit.

Den Abend war alles gespannt, den Lord auf der Redoute zu sehen; ein gedrängt voller Saal, in dem nur mühsam sich in dichten Haufen die dampfende Menge durchzog, bezeichnete diesen Tag eine brillante Redoute, ein Ruf, den die vierte im Fasching immer hat. Da meine Größe mich das Gewühl übersehen lässt, so blieb ich oft stehen, sah lange den Leuten über die Köpfe und rief dann meinen

---

15 Vertreter Schwedens.
16 Vertreter Portugals.
17 Österreichischer General.
18 Generaladjutant Alexanders I.

Bekannten zu: „Da ist Lord Wellington!" Hunderte fassten gleich auf, was ich sagte, und es wogte nun die Menge ungeduldig nach der Richtung, die ich angegeben. Ich zog mit ihr, drängte mich durch, und was ich am Südpol des großen Saales getan, wiederholte sich am Nordpol. Nun wirft sich von hier aus wieder ein Strom von Menschen vor mir her, und einige tausend wogen durch diesen einige Mal wiederholten Schwank wie Wellen, vom Sturm gegeneinander gepeitscht, sich entgegen und vermehren auf einzelnen Punkten das Gedränge bis zum Erdrücken. Doch immer wurde man des großen Mannes nicht ansichtig, bis er auf einmal dastand, von Madame Castlereagh und Lord Stewart geführt. Der Erzherzog Karl machte in dem Augenblick seine Bekanntschaft, und wechselten sie nicht schnell den Standpunkt, so waren sie beide dem Erdrücken ausgesetzt. Wellington sah gefällig in die strömende Menschenmasse und nahm ohne Ausdruck von Eitelkeit mit Anstand die stummen Huldigungen an.

Wie ehedem Lord Nelson mit Lady Hamilton reiste, so hat auch Wellington die bekannte Sängerin Grassini bei sich, die schon oft die Begleiterin bemerkter Männer gewesen ist, wie zum Beispiel des Herzogs von York in Deutschland. Sie ist, was die Franzosen *belle femme* nennen, also schönes Fleisch, große Figur, vornehmer Anstand, darf aber bei dem Titel wohl an fünfzig Jahre alt sein. Es ist im altheroischen Stil, den Ruhm von der Kunst begleitet zu sehen, die vornehmste Mischung menschlicher Vortrefflichkeit und zugleich eine so veredelt natürliche in der Verschiedenheit der Geschlechter, ein jedes nach seiner höheren Verklärung.

Graf Karl von Nostitz.

***

Man hat mir soeben eine sehr lustige Anekdote über Lord Stewart, den Botschafter Englands, berichtet. Man erzählt, dass Seine Lordschaft, als sie von einem Frühstück kam, wo sie einige Flaschen Bordeaux zu viel geleert hatte, mit dem Kutscher eines Fiakers in Streit geriet, der seinerseits in demselben Zustand war. Der edle Lord wollte zwischen einer Reihe Fiaker und einer Mauer hindurchgehen; aber da Seine Lordschaft nicht sehr fest auf den Beinen war, fiel sie gegen die Pferde eines Fiakers und sagte dabei: „Goddamn!", indem sie den Kutscher mit der Faust bedrohte; dieser erwiderte mit einem Peitschenschlag; Seine Lordschaft deutete darauf durch seine Gesten an, dass sie boxen wollte; der Kutscher, der in diesen Gesten eine neue Herausforderung erblickte, fuhr mit den Peitschenhieben fort, indem er von seinem Sitz herunterstieg, und nun entwickelte sich eine regelrechte Schlacht. Da niemand den Botschafter kannte, bemühte sich niemand, ihn von dem Kutscher zu befreien, mit dem er sich im Schmutz herumwälzte; schließlich hat ein Polizist der Schlacht ein Ende gemacht; und da alle Zeugen dem Botschafter unrecht gaben, wollte man ihn ins Gefängnis abführen, als er seinen Namen angab. Daraufhin behandelte man ihn noch schlechter, indem man ihn für einen Betrüger erklärte. Seines *„Goddamn"* wegen führte man ihn schließlich zum Minister, da man ihn höchstens für einen seiner betrunkenen Stallknechte hielt; als man nun beim Portier ankam, wurde er mit dem Titel „Exzellenz" begrüßt; nun gab es keine Zweifel mehr über seine Würde, aber viele Entschuldigungen von Seiten des Polizisten. –

Die Schlacht zwischen dem Droschkenkutscher und Lord Stewart, die ich gestern erzählt habe, entspricht den Tatsachen; der Doktor v. Carro hat sie mir bestätigt: der Botschafter ist ein wenig gequetscht worden, aber er ist mit dem Kutscher nobel verfahren; die Regierung hat ihn fragen lassen, ob er wollte, dass man den Kutscher bestrafe; darauf hat er geantwortet, dass er ihm verzeihe und dass der Kutscher übrigens nicht zu boxen verstände.

Jean-Gabriel Eynard.

***

Preußen war bei dem Kongresse auf reiche und vortreffliche Weise vertreten. Der Fürst von Hardenberg hatte den ungemeinen Vorteil, als Staatskanzler an der Spitze nicht nur der auswärtigen Angelegenheiten, sondern aller Zweige der Staatsverwaltung zu stehen. Sein Alter, seine durch vielfache Lebens- und Staatsgeschicke bewährte Erfahrung, seine neueste, durch die glänzendsten Erfolge bezeichnete Laufbahn, sein munterer, umsichtiger Geist und seine menschenfreundliche Liebenswürdigkeit, alles vereinigte sich, ihm das größte Ansehen und die wirksamste Bedeutung zu geben. Zahlreich waren in Wien die ausgezeichnetsten Staatsmänner versammelt, jeden Verdienst und jeden Vorzug sah man hier glänzen, aber unter den Hochbejahrten konnte keine Persönlichkeit dem Fürsten von Hardenberg den Preis der edlen, ausdrucksvollen, durch Würde und Milde wohltuenden Erscheinung streitig machen, wie unter den im kräftigen Mannesalter Stehenden dieser Preis ebenso sehr dem Fürsten von Metternich gebührte. Hardenberg war noch in seinen weißen Haaren ein schöner Mann, dem man es ansah, welch außerordentliches Glück er einst bei Frauen gemacht hatte, ja, der diesem Lebensreize noch jetzt weniger nachging als begegnete, und dem die gesellige Welt in jeder Weise nur immer Gunst und Vorteil darbringen musste. Dabei litt er an einem Gebrechen, das die damit Behafteten verdrießlich zu machen pflegt, ihn auch in der Tat gewaltig hinderte, jedoch seine heitere Anmut nie störte und auch seiner lebhaften, scharfen und geistreichen Auffassung wenig Eintrag tat. Er war nämlich harthörig, nach wechselnden Umständen bald mehr, bald weniger, doch immer beschwerlich genug für ihn und die anderen, und die ihm nicht sehr vertrauten Stimmen wurden ihm nur durch erhöhte Stärke oder durch reine Volltönigkeit verständlich.

Ihm als Kongressgesandter zur Seite stand der Freiherr Wilhelm von Humboldt. Zwischen ihm und dem Staatskanzler bestand während der ganzen Dauer des Kongresses das vertraulichste, ungetrübteste Einverständnis, und beide Männer ergänzten einander im besten Sinne. Dem Staatskanzler als solchem ohne Frage untergeordnet, als diplomatischer Bevollmächtigter doch wieder ihm fast gleichgestellt, an Geist und Geisteskräften aber ihn überragend, erfüllte Humboldt willig und vortrefflich die in solcher Mischung von Verhältnissen ihm gewordene Rolle, die bei jedem anderen, und gerade durch das Bestreben, sie zur ersten zu machen, eine zweite geblieben wäre, durch seine äußere Verleugnung und innere Selbständigkeit aber recht eigentlich eine der ersten gleiche wurde. Es war dies nicht das Verhältnis Blüchers und Gneisenaus, welches ebenso einzig und ersprießlich während des Krieges sich gebildet und erhalten hatte; für ihre Aufgaben und ihr eigentliches Geschäft standen die beiden Diplomaten einander näher, konnten leichter ihre Leistungen vertauschen und darin wetteifern, als jene beiden Kriegshelden. Aber die Oberleitung Bardenbergs war schon in dessen Haupte von Humboldts Beistand durchdrungen, sowie des letzteren Ausführungstätigkeit den Impuls des ersteren immerfort als erwünschte Förderung in sich trug. Der Mut und Fleiß beider Männer wetteiferte in jeder Anstrengung. Was Humboldt während des Kongresses alles gearbeitet, und wie umsichtig, gediegen, sorgfältig, mit welcher Strenge und Unermüdlichkeit, das übersteigt allen Glauben, auch forderte er in gleichem Maße von seinen Gehilfen und Untergebenen solche Tätigkeit; hier ist hauptsächlich der Graf von Flemming zu nennen, Hardenbergs Neffe, der unter feiner und angenehmer Bildung, bei lässiger Scherzweise, eine große Schärfe und innere Festigkeit besaß und sich an Humboldt mehr noch als an Hardenberg hielt. Der Staatskanzler trug die Last der gesamten Staatsgeschäfte in allen Zweigen, doch ging die diplomatische Tätigkeit für jetzt notgedrungen jeder anderen voran. In diesem Gebiete arbeitete Hardenberg vieles ganz selbst und ganz allein. Manche der wichtigsten Noten, besonders als der Kampf um Sachsen am höchsten und bedenklichsten schwebte, schrieb er in durchwachten Nächten mit eigener Hand und lieferte Meisterstücke der Klugheit, der Angemessenheit, der nachdrücklichen Stärke; eine ihm eigene Grazie und Sicherheit bezeichnet diese Arbeiten auch im Stil als die seinigen.

Varnhagen von Ense.

***

Der Freiherr Karl von Stein war mittlerer Größe, dem Kurzen (ein rechter Kurzbold) und Gedrungenen näher als dem Hohen und Schlanken, der Leib stark und mit breiten deutschen Schultern, Beine und Schenkel wohl gerundet, die Füße mit scharfer Rist, alles zugleich stark und fein wie von altem Geschlecht, dessen er war; seine Stellung wie sein Schritt fest und gleich. Auf diesem Leibe ruhte ein stattliches Haupt, eine breite, sehr zurückgeschlagene Eselsstirne, wie die Künstler sagen, dass der große Mann sie häufig haben solle: seine Nase (*el rostro*, wovon oben schon gefabelt worden) eine mächtige Adlernase, unter ihr ein feingeschlossener Mund und ein Kinn, das wirklich ein wenig zu lang und zu spitz war.

Hierbei sei ein für alle Mal gesagt, und zwar gegen diejenigen, welche immer mit der feinsten weißen Haut und den silberklarsten blauen Augen als dem Urstempel des edelsten Menschen und dem echtesten Geniezeichen herankommen, dass die beiden größten Deutschen des neunzehnten Jahrhunderts, Goethe und Stein, aus braunen Augen die Welt anschauten, mit dem Unterschiede, dass das Goethesche Auge breit und offen meist in mildem Glanze um sich und auf die Menschen herabschaute, das Steinsche, kleiner und schärfer, mehr funkelte als leuchtete und oft auch sehr blitzte. In der Regel sprach dieses Auge Freundlichkeit und Treue, aber wenn der Mann in sehr ernster oder gar, wenn er in zorniger Stimmung war, konnte es auch fürchterlich blitzen. Fast immer trat er die Menschen, auch die gewöhnlichen, die nur Gewöhnliches zu bringen und vorzutragen hatten, mit sehr freundlichem Ernst an, aber seine Gebärde erfüllt doch die meisten mit Blödigkeit und Verlegenheit. Es war durch Gott ein Mensch des Sturmwindes, der reinfegen und niederstürzen sollte, aber Gott der Herr hatte in den treuen, tapferen, frommen Mann auch lieblichen Sonnenschein und fruchtbaren Regen für die Welt und für sein Volk gelegt. Er erschien mir auch oft so, dass er schwer werde dienen können und also herrschen und immer in erster Stelle stehen müsse. Seine Sturmwindsnatur, und dass es in ihm oft zu wild stürmen und brausen wollte, dass er in seinem Ungestüm zuweilen dem Jähzorn preisgegeben sei und dass es dann mit ihm durchgehen könne, dieses Mangels war er sich wohl bewusst und klagte sich dann zuweilen wohl über alle Gebühr an, wie es denn seine Art war, als ein wahrhaft demütiger und rechtschaffener Mann seine Fehler nicht nur anzuerkennen, sondern auch wieder gutzumachen, wo er glaubte, gute Menschen durch zu große Geschwindigkeit und Heftigkeit verletzt zu haben. Das habe ich an mir selbst und vielen anderen genug erfahren.

Er hatte in seiner Jugend zu Hause und auf der Göttinger Hochschule gute Studien gemacht, auch seines Volkes und Vaterlandes Geschichte und der Völker Geschichten durch Lesen und Reisen gelernt, und später, da er als Beamter in Preußen dienen wollte und sollte, mit großem Fleiß und edler Sorge strackt zu erobern und zu erkunden gesucht, was Amt und Pflicht von ihm forderten, aber doch mochten manche, die sonst tief unter ihm standen, ihn an Kenntnissen und an erworbener Geschicklichkeit übertreffen, selbst seinen Zeitgenossen und Nebenbuhler Hardenberg nicht ausgenommen, aber es war ein Etwas in diesem Geist, etwas Unbeschreibliches und nur Andeutbares: Stein war in jedem Augenblick ganz und voll, was er war, er hatte in jedem Augenblick sein Gerät und Waffen immer fertig, ganz und voll immer bei sich: die Revolver, die Um- und Ausroller seines Geistes, hatten die Kugeln immer zum Abdruck bei der Hand; in hellen frischen Stunden blitzte nicht bloß Verstand, sondern auch Witz auf Witz aus seinem Munde.

Ernst Moritz Arndt.

***

Aber auch der Freiherr von Stein – *le nommé* Stein, ohne besondere Bestallung, gleichsam noch zwischen Russland und Preußen hingestellt, nahm den lebhaftesten und sichtbarsten Anteil an Preußens Los und an den Verhandlungen des Kongresses. Nicht mit der alltäglichen Geschäftigkeit des Diplomaten – sondern mit der ganzen Kraft des Mannes von Charakter. Wer war auch durch seine Schicksale und seine Persönlichkeit mehr berechtigt, ein lautes Wort zu sprechen? Es ist, obgleich sie sämtlich im Gefühl ihrer Pflichten, in der Treue gegen ihr königliches Haus, in den Bemühungen sicher übereinkamen, dennoch kaum möglich, sich verschiedenere Charaktere unter uns Deutschen zu denken, als eben diese drei Männer. Sollte ich das näher bezeichnen, so würde ich gediegene Kraft dem Minister von Stein – des Weltmanns Bildung dem Fürst von Hardenberg – mannigfaltige und gewandte Kunst dem Minister von Humboldt assignieren.

H. C. E. Freiherr von Gagern[19].

***

Von Seiten Russlands nahmen an den Beratungen der Fürst von Rasumoffsky, der Graf von Stackelberg und der Graf von Nesselrode teil, wobei jedoch die persönliche Einwirkung des Kaisers keinen Augenblick zu fehlen schien. Die Grafen Kapodistrias und Pozzo di Borgo standen in dieser Zeit noch nicht in erster Reihe, zu der sie jedoch bedeutend vorrückten. Die russischen Diplomaten und Generäle hatten sich überhaupt zahlreich eingefunden, und ihr Benehmen und ihre ganze Erscheinung wirkten bedeutend ein; mit dem Grafen Goloffkin, der gegen den Ausgang des Kongresses wieder nach Stuttgart gesandt wurde, ist hier besonders noch der Freiherr von Anstett zu nennen, der in der Folge als russischer Gesandter am deutschen Bunde längere Zeit wichtig war; Rasumowsky, von Bignon aus dem genommenen Standpunkte ganz treffend geschildert, war fast in Wien einheimisch und vereinigte in seiner Hand Fäden, die sonst wohl selten zusammenkamen.

Varnhagen von Ense.

***

---

19 Vertreter für Nassau und Oranien.

Das neue Jahr nahte heran, und um es unter denselben Auspizien der Sorglosigkeit und Freude einzuweihen, hatte der österreichische Hof für den Monat Januar aufs neue sechzehn große Feste oder Gesellschaften angekündigt. Da ereignet es sich plötzlich, dass der Palast des Fürsten Rasumowsky in einer schönen, mondscheinlosen Nacht Feuer fängt. Durch einen ziemlich lebhaften Wind begünstigt, greift es äußerst schnell um sich und bietet bald den Anblick des feuerspeienden Vesuvs. Von allen Seiten strömt man hinzu; jeder will Zeuge dieses, eines Meisterpinsels würdigen Schauspiels sein. Alle Umgebungen sind in wenigen Augenblicken von Neugierigen überschwemmt.

Bei Tagesanbruch eilte auch ich nach dem Orte der Verwüstung. Auf die erste Nachricht hatte sich der Kaiser von Österreich dahin begeben. Mehrere Infanteriebataillone, durch seine Gegenwart aufgemuntert, sorgten für Aufrechterhaltung der Ordnung und suchten den Fortschritten des Feuers Einhalt zu tun. Aber ihre Bemühungen waren bis jetzt von geringem Erfolg gewesen. Aus der Mitte des schneebedeckten Daches stiegen Flammen- und Rauchwirbel empor, welche dem Auge den Anblick des Palastes abwechselnd entzogen. Es erfolgten so heftige Explosionen, dass die brennenden Balken vom Himmel zu fallen schienen. Ein Flammenregen drohte den verschiedenen Teilen des Gebäudes völlige Einäscherung. Durch die geborstenen Mauern erblickte man geräumige Saalreihen und stolze Bogengänge, voll von kostbaren Mobilien und Kunstsachen, die sogleich eine Beute der Flammen werden sollten. Die Gemälde, die Büsten wurden durch die Fenster in den Graben und die Hofräume geworfen. Dem Feuer entgangen, zerbrachen sie auf dem Pflaster oder verdarben in den Fluten des Wassers und des geschmolzenen Schnees, welche den Boden überschwemmten. Den schönen Saal, mit einer Menge von Canovas Meißel gefertigter Statuen ausgeschmückt, hatte man nicht schützen können. Unter dem Fall der Decke stürzte er zusammen. Eine ungemeine Bestürzung schien sich in diesem Augenblick der zahllosen Menge zu bemächtigen.

Welche Betrachtungen erweckte dies unheilvolle Schauspiel, der Verlust vieler Meisterwerke, welche der Palast einschloss, sowie die Erinnerung an die zahllosen Freuden, deren Zeuge er seit einigen Monaten gewesen war. Er war in der Tat eine fürstliche Wohnung. Man bewunderte sie als eine der geräumigsten und prächtigsten in Wien. Über ihrer Erbauung waren zwanzig Jahre verflossen. Mit der Eröffnung des Kongresses hatte Alexander sie mehrmals von seinem Gesandten entlehnt. In diesen weitläufigen Saalreihen hatte er einige jener glänzenden Feste gegeben, die an Pracht denen des österreichischen Hofes wenig nachgaben; hier hatte er, an einem Tische von siebenhundert Kuverts, die vornehmsten politischen Größen von ganz Europa vereinigt, hier, drei Wochen zuvor, den Geburtstag seiner Schwester, der Großherzogin von Oldenburg, in einem ihrer würdigen Feste gefeiert. Ja, die Annehmlichkeiten und Reize dieser Wohnung sollen die Kaiserin Elisabeth von Russland einst zu dem Wunsche vermocht haben, sie zu mieten, um dort den Frühling zuzubringen.

Seit langen Jahren hatte Rasumowsky seinen Ruhm und sein Vergnügen darin gefunden, sie zu verschönern, alle Schätze der schönen Künste, alle Wunder der Pracht darin aufzuhäufen. Die Räume waren mit ebenso viel Geschmack als Verschwendung ausgeschmückt. Neben den Sälen, in welchen sich die Schönheiten der Bildhauer- und Malerkunst befanden, bewunderte man eine Bibliothek, die vielleicht nicht ihresgleichen hatte: eine Menge kostbarer Bücher und der seltensten Manuskripte war hier gesammelt. Kurz – überall herrschte asiatische Pracht, von europäischem Geschmack geleitet.

In der ganzen Stadt unterhielt man sich von nichts anderem als der nächtlichen Feuersbrunst, welche die Hauptstadt Österreichs einer ihrer schönsten Zierden beraubt hatte. Der Schaden, auf mehrere Millionen geschätzt, war in Hinsicht auf die Kunst unersetzlich. Aber damals drängte eines das andere, und abends wiederholte man überall ein Wort des Herrn von Talleyrand. Als er jenes unglückliche Ereignis erfuhr, war er eben im Begriff, seine Toilette zu machen.

„Eine sehr gelinde Strafe für das Glück, ein Hofmann zu sein!", war seine Antwort gewesen.

Graf de la Garde.

An den ersten vertraulichen Besprechungen hatten bloß die vier Kabinettsminister von Österreich, Russland, England und Preußen teil. Humboldt wurde hauptsächlich wegen der Harthörigkeit des Fürsten Hardenberg zugezogen. Das erste mir übertragene Geschäft war die Abfassung einer Deklaration im Namen dieser vier Höfe; der Entwurf wurde am 29. September angenommen.

Am 30. erschien der Fürst Talleyrand zum ersten Male in diesem Kreise und führte den spanischen Gesandten Labrador auf. Beide protestierten gewaltig gegen Form und Resultate der bisherigen Verhandlungen; und unter anderem fand am 5. Oktober eine stürmische Sitzung statt, in welcher Talleyrand sogar von Austritt sprach. Man vereinigte sich jedoch endlich dahin, dass außer den Bevollmächtigten der sechs bisher zur Deliberation gezogenen Mächte auch noch Portugal und Schweden daran teilnehmen sollten; und so kam am 8. Oktober das *Comité des Huit* zustande, welches, nach einer langen und merkwürdigen Sitzung, seine Geschäftsführung mit einer in diese neue Form gegossenen Deklaration eröffnete.

Für die deutschen Angelegenheiten wurde ein abgesonderter Ausschuss kreiert, der aus den Bevollmächtigten von Österreich, Preußen, Sachsen, Hannover, Württemberg und Baden bestand. Die Bevollmächtigten des Königs der Niederlande, der Könige von Dänemark, Sardinien, Neapel, des Papstes, der sämtlichen italienischen und sämtlichen deutschen Fürsten von zweitem und drittem Range hatten an keinem dieser Ausschüsse unmittelbar teil. Ihre Geschäfte wurden teils in Separatkonferenzen, teils durch schriftliche Verhandlungen geführt.

Der Kongress in seiner Gesamtheit ist eigentlich nie zur Wirklichkeit gekommen. Durch die Deklaration vom 12. Oktober wurde er ajouriert. Als aber am 29. Oktober in einer sehr lebhaften Konferenz (der vier Höfe) auf Lord Castlereaghs Antrag in ernsthafte Überlegung genommen wurde, wie man bei der Menge der anwesenden Bevollmächtigten und der Schwierigkeit, die Grenze der Zulassung derselben zu bestimmen und bei der Menge und Ungleichartigkeit der Geschäfte und unzähligen anderen Bedenklichkeiten eine solche Versammlung organisieren könnte, so fiel endlich, nach einer starken Debatte (an welcher ich sehr tätigen Anteil nahm), der Entschluss dahin aus – dass man gänzlich darauf Verzicht tun müsse. Der Kongress als solcher ist daher bloß durch seinen Schlussakt ins Leben getreten.

Die große Konferenz, das Komitee der Acht, ward überhaupt, besonders aber in den ersten Monaten, auch nur selten versammelt. Die wichtigsten Angelegenheiten wurden durch Schriftenwechsel in Separatkonferenzen und in geheimen Besprechungen verhandelt; und, die große

Konferenz war fast nur damit beschäftigt, das, was auf diesem Wege schon beschlossen war, zu protokollieren und festzusetzen.

Friedrich von Gentz.

***

Dezember 1814.

Dringt man von der geglätteten, trügerischen Oberfläche in den Sinn ein, den das erhabene Schauspiel der großen Fürstenversammlung bieten soll, so trifft man auf heillose Ränke, wo man Offenheit, auf Neid, wo man Vertrauen, auf Kleinlichkeit, wo man Liberalität erwarten sollte. Scheint man doch kaum noch zu wissen, warum die Monarchen hier versammelt sind. Die Wiederherstellung des royalistischen Prinzips nennen es die einen und die daraus folgende Wiedereinsetzung der unrechtmäßig verdrängten Herren in ihre Länder. Dieses Prinzip soll Friedrich August wieder auf den Thron führen. Dagegen sagt Russland: „Que, s'il y avait un malheur, il valait mieux celui de la dynastie que du pays." Die Preußen behaupten, es handle sich nicht von dem Regenten allein, sondern auch vom Lande, und Sachsens Lage erheische eine Vereinigung mit ihnen, sobald der Verlust von Südpreußen dem Lande seinen topographischen Kern entnehme, worauf die Festigkeit gegen Norden und gegen Westen gleich stark begründet sei. Diesen politisch-militärischen Grund spricht Humboldt ganz unverhohlen aus; Hardenberg und der König haben gleichfalls keine andere Idee, und das preußische Volk setzt in den Besitz Sachsens mit einer solchen Festigkeit seinen Stolz und seine Sicherheit, dass kürzlich eine Adresse aus dem Lande dem Könige alle Kräfte zur Behauptung Sachsens angeboten hat.

Der russische Kaiser verharrt nach seinem eigentümlichen Willen fest bei Preußen, das auch nicht ein Dorf will fahren lassen und sich auf eigene 260.000 Mann stützt und auf eine russische Armee in Polen unter Barklai, die auf 360.000 Mann angegeben wird, ohne die Garden in Petersburg und ohne die 60.000 bis 80.000 Mann starke Südarmee unter Bennigsen und ohne die Kosaken.

Der Kaiser Franz sagt in seiner Naivität zu allem dem politischen Hin- und Hertreiben: „'s ist halt ein hartes Ding; einen Regenten vom Thron zu stoßen."

Wegen Polens wird ebenso lebhaft und bis jetzt mit noch unentschiedenem Erfolg gestritten. Man möchte Preußen in diesem Lande seine Millionen anweisen, um es von Deutschland und Russland vom Westen abzudrängen. Ohne dass durch diese Kollision Metternich seinen eigentlichen geheimen diplomatischen Zweck erreicht, haben sich vielmehr Russland und Preußen zu einem kräftigen Gegensatz vereinigt und bestehen auf der Forderung, welche Sachsen den Preußen und Polen den Russen zusichert.

„Welche große Rolle könnte der Kaiser von Russland spielen, wie unsterblich könnte er sich in der Geschichte machen, wenn er die große Ausgleichung vollenden wollte, ohne auf ein paar Joch Erde zu sehen", so schreit Österreich; das heißt, wenn man alles täte, was es will.

Über Deutschland und seine zukünftige Föderativverfassung ist noch nichts, auch gar noch nichts zustande gekommen. Es sind mehrere Projekte eingereicht worden, unter anderen auch von Metternich am 16. Oktober einer zu einem Bunde, der ziemlich bunt aussieht. Seine Hauptgrundlagen sind allgemeine Repräsentation unter der Bedingung einzelner Entsagungen von Rechten zur Gewinnung allgemeiner Kraft und ständische Verfassung. Darauf haben Württemberg und Bayern, die nur egoistisch glauben, bewahren und gewinnen zu müssen, gleich gewaltig gegen die Beeinträchtigung ihrer Souveränität geschrien.

Es haben die kleinen Mächte auch den Zutritt verlangt zu den Konferenzen über Deutschland, und so ist es denn bis zu den wichtigeren Entscheidungen geblieben. – Stein ist in den Unterhandlungen nur als russischer Bevollmächtigter aufgetreten. – Was sich nach dem herrschenden Zeitgeist allgemein aufdringt, wird in Deutschland nicht ausbleiben, und ordnet es sich nicht gütlich, so gestaltet es sich in Erschütterungen, denen politische Misshelligkeiten den nächsten Funken geben.

Frankreich rennt *à tête perdue* gegen die deutschen Angelegenheiten, vorzüglich die sächsischen, wovon der geheime Zweck scheint, sich durch andere zugestandene Gunstbezeigungen gewinnen zu lassen. Man macht, wohl nicht mit Unrecht, dieser Politik den Vorwurf von Seiten Russlands und Preußens: sie vergesse, dass die Alliierten Bonaparte vom Thron gestoßen, dass also der Rheinbund aufgehört und ein Bourbone diese Fürsten als Protektor nicht mehr zu vertreten habe. Auch soll sich Talleyrand zu weit in die Verhandlungen verirrt fühlen und durch seine Unbehaglichkeit die Verwirrung des Kongresses noch vermehren.

England spielt in diesen Verwicklungen eine bedeutende Rolle des Hemmens und Aufhaltens. Es entwickelt durch sein neues Königreich Hannover ein Kontinentalsystem, welches der Graf Münster[20] durch den Herrn von Gagern, Bevollmächtigten von Oranien, durch Herrn von Lübecker und durch den Grafen Keller, an Holland, Braunschweig und Hessen reiht, wodurch in Norddeutschland ein hannöverisch-deutscher Bund entsteht. Die persönliche Abneigung, welche in England zwischen dem Kaiser

---

20 Hannoverscher Minister.

Alexander und dem Prinzregenten entstanden, sowie des letzteren Widerwille gegen die ministerielle Partei haben dem englischen Kabinette gegen Russland eine feindselige Stellung gegeben, welche die Vergrößerungslust des letzteren nach Polen nun noch politisch bedingt, gegen Preußen, aber alle die deutschen Staaten in Opposition stellt, welche der unmittelbaren Kontinentaleinwirkung Englands durch Hannover unterworfen sind. Österreich hat dagegen durch die Feinheit des Fürsten Metternich eine sehr günstige Stellung in England gewonnen, wo sich der Kaiser Alexander Feinde und der König Friedrich Wilhelm keine Freunde gemacht. Damit entsteht im deutschen Norden ein Verein, der Preußen als engem Verbündeten Russlands Nachteil und Gefahr droht.

Bayern will von allen den Bundesprojekten nichts wissen, die seine politische Existenz in einer deutschen Allgemeinheit beschränken könnten. Es strebt vielmehr durch Forderung neuer Erwerbungen nach dem Rang einer europäischen Macht und ist bereit, das Schwert nach allen Seiten hinzuziehen, von wo ihm Widerspruch droht. In dieser Politik ist die brutalste Kampflust; sie neigt sich jetzt ganz zu Österreich.

Württemberg hingegen fühlt sich aufs tiefste durch Österreich gekränkt und der Kronprinz durch seinen Mentor, den Minister Stein, von Ideen belebt, die ihn Preußen und Russland zu eigen machen, wenn auch der starre Vater weniger zugänglich ist. Die Heirat des Kronprinzen mit der Großfürstin Katharine bringt eine kluge, einsichtsvolle, kräftige Frau an diesen Hof.

Frankreich neigt sich nur wohl gegen England, um vermittels des Friedens die See wieder beschiffen zu können; – und so kreuzen sich hier so viele Interessen, die bei dem langersehnten Friedensbund die Völker wollen zur Sprache bringen, dass sich dieselben zu den wunderbarsten Gestaltungen zusammenfügen, sowie ein neuer Anstoß von Misshelligkeit sie gegeneinander wirft. In dieser Krise seltsamer politischer Verhältnisse hat Metternich neuerdings ein großes Übergewicht in den Verhandlungen sich verschafft, indem vor kurzem Lord Castlereagh unerwartet seiner Partei beigetreten ist. Eine fulminante Depesche des Prinzregenten hat den Ministern bedeutet, nicht im sansculottisch-monarchischen Sinn zu verfahren, sondern das Prinzip von Erhaltung der Dynastien aufrechtzuhalten und keinen Ideen Eingang zu geben, die wie die zeitherigen revolutionärer Tendenz wären. Eine gänzliche Umstimmung des noble Lord ist die Folge gewesen, welche Metternich überrascht, doch sehr vergnügt hat. Der Kaiser Alexander, der immer selbst durch persönliche Gespräche mit Metternich den Fortgang der Unterhandlungen geleitet, hat zu dieser Zeit sich den Minister rufen lassen. Auf die Bekehrung des Engländers gestützt, hat dieser so heftig diskutiert, dass man Zank und Streit im Vorzimmer gehört. Der Kaiser hat nachher den Minister Stein als einen Kampffertigen in die Unterhandlung ziehen wollen, doch Metternich sich geweigert, mit demselben in neueren Beziehungen zu traktieren. Noch lauer durch diesen Widerspruch sind nun die letzten mündlichen Erörterungen durch den General Radetzki gegangen, bis sie ganz in dem Notenwechsel erstickt worden sind. Nun gegen Neujahr sollen sie wieder angehen, um die Stockung von neuem zu beleben, doch wollen nach einer diesfalls von Preußen in demselben Sinn eingereichten Note Kaiser Alexander und König Friedrich Wilhelm ihren Bruder Franz persönlich klagend gegen Metternich angehen. Auch hat der gewandte Mann mehrere Stürme gegen sich selbst jetzt schon auszuhalten gehabt. Wer aber sollte ihn ersetzen?

Wo man nur hinsieht, Widerspruch und Verwirrung, ohne Aussicht, dass es anders werden könne. Wie klug war Gentz, der allein gegen das Kongressprojekt auftrat.

Täglich häufen sich die Forderungen, wie immer mehr und mehr böse Geister aufsteigen, sobald ein Zauberer die Hölle beschwört und das Lösungswort vergessen hat. Wer verlangt und nichts erhält, ist unzufrieden und hetzt. – Sogar die von Napoleon Dotierten haben ihren Abgesandten, und die Marschälle fordern frech ihre Güter in Deutschland zurück.

Graf Karl von Nostitz.

***

Besonders komisch war das Gemisch verschiedenartigster Personen, die alle ein Geschäft am Kongress zu haben glaubten, zum Teil auch wirklich dahin mit Aufträgen gesandt waren, wenn nicht zum Handeln, so doch zum Beobachten.

Man sah Edelleute und Gelehrte, die früher nie Geschäfte geführt hatten, sich aber jetzt sehr wichtig dünkten und in diesem Wahn eine imponierende Haltung annahmen, Professoren, die im Geiste ihre akademischen Katheder in die Mitte einer ihnen lauschenden Kongressversammlung hingestellt hatten, bald aber verstimmt umherirrten unter Klagen, dass sie nicht erfahren könnten, was eigentlich vorgehe. Andere freilich durften nur als Privatleute auftreten, weil sie insgeheim zu wirken hofften. So mancher Philanthrop trug seine schon vollendete Verfassungsurkunde in der Tasche, aber ach! Sie kam nicht zum Vorschein!

Gräfin Elise von Bernstorff.

***

Dem wohlverstandenen Interesse von ganz Europa hätte die Wiederherstellung Polens entsprochen. Durch diese allein konnte ein hässlicher Makel getilgt und jeder Vorwand zu künftigen Übergriffen abgeschnitten werden;

allein Preußen hatte bereits einen Teil seiner Besitzungen in diesem früheren Königreich an Russland abgetreten, dessen Truppen diese wie die übrigen Teile desselben besetzt hielten und keineswegs aufzugeben gesonnen schienen. Für die großen Anstrengungen des preußischen Staates im letzten Kriege forderte die Gerechtigkeit, ihm eine Schadloshaltung zu gewähren. Woher sollte aber das Material hierfür entnommen werden? Sachsen schien allerdings diesem Zweck zu entsprechen; allein wie konnte man in dem Augenblick, wo die Legitimität und die Unverletzlichkeit der Personen und Besitzungen aller Monarchen als für immerwährende Zeiten geltender Grundsatz proklamiert wurde, sich selbst Lügen strafen durch die Entthronung eines Regenten, der fünfzig Jahre hindurch an persönlichen Tugenden und Bemühungen für das Wohl seiner Untertanen ein Musterbild gewesen war? Mochte er auch vorübergehend in Verirrungen, wie wenigstens überschwängliche Köpfe es nannten, verfallen sein und dadurch strafbar erscheinen, ließ sich wohl ein Verdammungsurteil über ihn aussprechen, ohne das unleugbare Recht jedes Landesherrn, das nach seiner Ansicht dem Staatswohl am meisten entsprechende politische System zu befolgen, entschieden zu beeinträchtigen? Wurden nicht, falls man zu einem so einschneidenden Entschluss greifen wollte, noch weitere legitime Ansprüche verletzt? Besaß nicht der König zwei Brüder, deren einer Vater mehrerer Kinder war, und durften sich nicht die anderen Prinzen des sächsischen Hauses auf ältere wie neuere Familienverträge berufen, welche ihnen die Thronfolge sicherten? Sollte man auch alle diese Anwärter ausschließen und mit einem Federstrich Schuldige und Unschuldige gleichstellen? Wenn aber eine so ganz rücksichtslose Maßregel vermieden werden wollte, wo fand sich dann Platz für das sächsische Haus? Wären übrigens auch alle diese Schwierigkeiten zu überwinden gewesen, ließ sich wohl von dem Wiener Hof gewärtigen, dass er es gleichgültig hinnehmen werde, wenn ein mächtiger Nachbar sich an der Grenze Böhmens festsetzte und dieselbe fortwährend bedrohte? –

Dieser Gegenstand (sächsisch-polnische Frage) kann als der wichtigste von allen angesehen werden: kein anderer berührte so nahe die Politik aller beteiligten Mächte; er nahm monatelang die Tätigkeit der Minister in Anspruch und hätte fast zum Krieg geführt. Preußen gab den ersten Anstoß zu den einschlägigen Verhandlungen, indem Fürst Hardenberg durch zwei unterm 9. und 10. Oktober 1814 an Fürst Metternich und Lord Castlereagh gerichtete Noten verlangte, dass sein König in den Besitz von ganz Sachsen gesetzt werde. Unter allen deutschen Landstrichen war in der Tat keiner für Preußen wohlgelegener, denn Sachsen ist die Heerstraße, auf der sich bis ins Herz der Monarchie und nächst an die Hauptstadt vorbringen lässt; außerdem bietet das Land, zum Teil durch seinen Bodenreichtum, allenthalben aber durch eine ausgebildete Industrie reiche Hilfsquellen dar. Friedrich II., ein ausgezeichneter Beurteiler solcher Verhältnisse, hatte in den Kriegen von 1745 und 1756 nicht gesäumt, sich Sachsens zu bemeistern, welches wirklich für die Kriegskosten großenteils aufkommen musste. Zugunsten der Ansprüche des Berliner Hofes sprach der Wortlaut zweier Verträge: einer vor dem Einzug der Alliierten in Paris mit Russland abgeschlossenen Übereinkunft und einer weiteren am 28. September 1814 in London getroffenen Vereinbarung. Ohnehin erforderte das europäische Gleichgewicht die Wiederherstellung der preußischen Monarchie in einer solchen Stärke, dass sie der Erfüllung ihrer Hauptaufgabe, für Norddeutschland als eine Schutzmauer gegen Russland zu dienen, genügen könne; diese Wahrheit schien so einleuchtend, dass keine Regierung sich ihrer Anerkennung entzog. Russland selbst hatte, als Entgelt für die Überlassung eines großen Teils von Polen, dahin zu wirren versprochen, dass Preußen in statistischer und finanzieller Beziehung auf seinen Bestand vor dem Kriege von 1806 zurückgebracht werde, wie dies im Sinne des Kalischer Vertrags vom 27. und 28. Februar 1813 lag. Großbritannien erblickte, nach Inhalt der Reichenbacher Konvention vom 14. Juni 1813, gleichfalls in diesem Bestand von 1806 das Minimum preußischer Ansprüche; auch Österreich nahm laut eines Separatartitels des Teplitzer Vertrages vom 9. September 1813 hierfür den Maßstab an, der sich am meisten den Verhältnissen von 1805 näherte.

Maximilian Graf von Montgelas.

***

Dass Sachsen mit Preußen vereinigt werden sollte, war von allen verbündeten Hauptmächten schon völlig zugestanden, die anderen aber hatten hierbei nicht einzureden, als insofern man es ihnen gestattete. Eine andere Frage jedoch war die Vereinigung Polens mit Russland. Der Kaiser Alexander hatte seine Forderungen in diesem Betreff nie bestimmt angegeben, sondern nur immer allgemein ausgesprochen, dass Russland in Polen, Preußen in Deutschland und Österreich in Italien ihre Entschädigungen und Gewinne zu nehmen hätten. Auch hierüber war man einverstanden, aber nicht über das Maß der Ausführung. Die russische Macht schien im Glanze des Sieges mit jedem Tage bedeutender; sie bis an die Weichsel vorrücken zu sehen, flößte die stärksten Besorgnisse ein. Österreich und England tauschten zuerst ihre Bedenken aus und Frankreich sprach – anfangs noch schwachen, aber bald schon stärkeren Lautes – in ähnlichem Sinn; trat auch Preußen noch bei, so stand Russland allein, und man durfte hoffen, dessen Erwerbungen durch gemeinsamen Widerspruch nach Wunsch einzuschränken. In diesem Absehen wurden die Fragen über Polen und Sachsen eng verflochten, und Preußens Ansprüche auf Sachsen schienen dann am wenigsten bestritten, wenn seine Stimme, die Ansprüche Russlands in Polen zu beschränken, mitwirken würde. Jedoch eine solche Abwendung Preußens von Russland war undenkbar, die persönliche Zuneigung der Herrscher, die siegreiche Waffenbrüderschaft der Kriegsheere und selbst die Stellung der politischen Verhältnisse, sowohl im ganzen als namentlich für Preußen, knüpften und geboten die engste Anschließung. Der Widerspruch der gegenüberstehenden Mächte gegen Russland in Betreff Polens dehnte sich nun auch gegen Preußen hinsichtlich Sachsens aus.

Die sächsische Frage erhob sich aber auch aus eigenen Kräften und wurde der Kampfplatz, wohin alle Mittel des Angriffs und der Verteidigung sich zusammendrängten. Frankreich fand hier den günstigen Ansatz neuen politischen Einflusses. Die angestammten Herrscherrechte als unverlierbare darzustellen, entsprach der eignen Lage der Bourbonen, und in dem Könige von Sachsen den treuen Verbündeten – nicht sowohl Napoleons als Frankreichs – zu retten, zugleich aber den verhassten Siegern den Gewinn zu schmälern, entsprach der nationalen Stimmung der Franzosen. In Sachsen selbst tauchten die alten Verhältnisse und Neigungen, die der Krieg niedergehalten, wieder auf und verstärkten sich durch die Fortdauer der tatsächlichen Unentschiedenheit, in der alles schwebte; auch im übrigen Deutschland traten Zweifel und Überlegungen hervor, an die früher kaum gedacht worden war. Besonders schien Bayern die neue sich befestigende Größe Preußens mit Eifersucht anzusehen. Auf diese Weise fand die schon schwebende politische Frage mannigfach nachdrückliche Aufregung.

Indes war auch die Sache Preußens in der öffentlichen Meinung wohlgegründet und hatte in Deutschland nachdrückliche Zustimmung. Der Franzosenhass, wie er in Stein lebte, die Vorstellung, Preußen müsse als Kern eines kräftigen, unantastbaren Deutschlands groß und stark sein, die Hoffnungen eines leidenschaftlichen, auch in Sachsen durch die Kriegseinflüsse vielfach aufgeregten Volksgeistes und noch sonstige Triebfedern und Gründe sprachen laut und kräftig für Preußen. Zu den Heerführern und Staatsmännern, welche man hier an der Spitze der Angelegenheiten sah, hatte man allgemein das größte Zutrauen, es schien nur Gewinn, hier sich anzuschließen, hier mitzugehen.

Varnhagen von Ense.

***

Der Kaiser von Russland erkannte den Zusammenhang seiner Sache mit der preußischen und war nur bedacht, diesen durch enge Bundesgenossenschaft zu befestigen. Höchst wichtig war für die politische Lage der Umstand, dass die in Frage stehenden Länder bereits von russischen und preußischen Truppen besetzt waren. Polen, im Umfange des von Napoleon gestifteten Herzogtums Warschau, befand sich als Eroberung, welche von den Russen allein vollbracht worden, ganz natürlich in deren Gewahrsam. Sachsen aber, durch die verbündeten Waffen erobert, war in Gemäßheit der gemeinsam angeordneten Austeilung den russischen Behörden untergeben. Hardenberg, um die künftigen Verhältnisse klar auszusprechen und tatsächlich zu befestigen, hatte den Kaiser Alexander früh dazu vermocht, Sachsen den Preußen zu übergeben. Die Russen erhielten Befehl abzumarschieren, sowie die Preußen einrücken würden, die unter dem General von Gaudi längst hierfür bereitstanden. Aber als

Hardenberg den König aufforderte, den nötigen Befehl an Gaudi zu senden, wollte der König sich nicht entschließen, er fürchtete den Eindruck, wenn er dies ohne Einvernehmen mit Österreich und England täte, die doch nichts anderes erwarteten; er wollte Sachsen nicht zu nehmen scheinen, er wollte es sich aufbringen lassen. Vergebens bot Hardenberg Tag für Tag alle Beredsamkeit auf, den König zu überzeugen, wie notwendig, wie unaufschiebbar die Besetzung sei; der König beharrte bei seinem Zögern. Hardenberg wollte verzweifeln, er sah den großen Gewinn gefährdet und sich selbst in der größten Bedrängnis, denn, wie er im Stillen gegen Vertraute auslieβ, verzichten wolle der König nicht, er wolle Sachsen haben, durchaus haben, beraube sich aber aus unnützen Bedenken der Mittel, es zu erlangen! Endlich, nach Verlauf mehrerer Wochen, gab der König den Befehl, und am 8. November übernahmen die Preußen von den Russen die Verwaltung Sachsens. Aber in der Zwischenzeit hatten die Gegner, der Unentschiedenheit der Preußen schnell gewahr, ungeheuer an Boden gewonnen und den Widerspruch allerorten verstärkt. Diese Zögerung, welche dem Staatskanzler oft zum Vorwurfe gemacht worden, ohne dass er je sich auf Kosten des Königs dagegen verteidigt hätte, verdarb die ganze Unternehmung; die gezeigte Schwäche wurde zwar verhüllt, sogar bis zu kriegsdrohender Sprache, aber ohne Frucht, die Gegner wussten den inneren Zusammenhang. Die öffentliche Verkündigung des russischen Generalgouverneurs Fürsten Repnin, dass die Verwaltung des Landes an Preußen übergehe, konnte sich auf die Zustimmung der übrigen verbündeten Mächte berufen, da diese früherhin die Maßregel gebilligt hatten, allein jetzt, um so viel später und bei ganz veränderten Umständen, war solchem Vorschritte Preußens, der doch nicht zu hindern war, jene Zustimmung längst verloren.

Die Verhandlungen wurden schärfer, der Zwiespalt deutlicher, schon fürchtete man seinen offenen Ausbruch, die Besorgnisse wurden allgemein. Der Einfluss Frankreichs wirkte besonders nachteilig und drängte sich geschickt ein; er strebte den Annäherungen entgegen, zu welchen auf beiden Seiten die Gesinnungen ursprünglich doch stets geneigt waren, und suchte neue Verbindungen zu knüpfen, für welche er wieder die Mitte zu werden hoffte. Der Fürst von Talleyrand richtete seine Betriebsamkeit nach allen Seiten, seinen stärksten Eifer jedoch widmete er den englischen Verhältnissen, von hier aus glaubte er die anderen umso leichter zu gewinnen. In der Tat schien Lord Castlereagh ihm ein nicht allzu schweres Spiel zu machen, das Übergewicht des Geistes übte sein Recht. Stimmten aber Frankreich und England überein, so durfte Österreich den Verbundenen eine Bedeutung zuerkennen, der sich anzuschließen unter den waltenden Umständen kaum vermeidlich war. Die Wirkung auf die Staaten zweiten und dritten Ranges blieb nicht aus, die Niederlande, in Deutschland Hannover und Bayern reihten sich der neuen Verbindung an. Die Franzosen nahmen schon wieder eine drohende Sprache, die Zeitungen verkündigten Truppenbewegungen gegen den Rhein, nannten die Marschälle, welche den Befehl führen sollten. Dass dies alles im Namen der erst wiedereingesetzten, den Siegern verpflichteten, noch kaum befestigten Bourbonen geschehen konnte, dünkte beinahe fabelhaft. Allerdings zeugte diese Wendung von Talleyrands Geschicklichkeit, und man durfte ihn rühmen, die Schwäche so schnell in Stärke verwandelt zu haben. Allein, um diesen glänzenden Erfolg zu erringen, wie einseitig betrachtete er die Verhältnisse, wie blind ließ er außer Acht, welcher Boden eigentlich die Bourbonen in Frankreich trug, die noch offenen Abgründe der Revolution vergaß er, den schon wieder gezückten Degen Napoleons sah er nicht und wandte nur alles auf, um den Mächten, welche gegen solche wesentliche Gefahren zu Schuh und Hilfe anzurufen waren, Frankreich im eitlen Flimmer diplomatischer Wichtigkeit erscheinen zu lassen. In Wahrheit, hat Talleyrand in diesen Verwicklungen sich als geschickter Unterhändler gezeigt, so hat er sich doch keineswegs als großer Staatsmann erwiesen. Auch ohne das unerwartete Ereignis, dessen gewaltiger Stoß alle Berechnungen zerrüttete, würden die der Talleyrandschen Politik sich schlecht bewährt haben. Und ein europäischer Krieg musste, wo nicht Frankreichs Geschick, doch unfehlbar das der Bourbonen in Frage stellen.

Preußen konnte, wie überhaupt in Deutschland so auch in Sachsen, eines starken Anhanges versichert sein; die umsichtigen, vorstrebenden, tatkräftigen Geister waren ihm zugeneigt, und wenn später eine andere Stimmung vorherrschte, so war dies wie der Wechsel der Jahreszeiten, die allgemeinen Verhältnisse wirkten unwiderstehlich ein, und die vom Herbst entlaubten Bäume hatten darum nicht weniger im Frühling geblüht! Nicht minder günstig stand die Sache Russlands in Polen. Der Kaiser Alexander war zuerst als Beschützer des polnischen Heeres und dann der gesamten Nation aufgetreten und schien berufen, alles in Wahrheit zu erfüllen, was Napoleon nur trügerisch verheißen hatte. Die Polen fühlten, nur in dieser mächtigen Hand könne ihr Volkstum neu erstehen, sie erkannten als möglich, dass in ihr einst wieder das Zerstückelte sich zusammenfügte und ein großes Volksdasein herstellte. Der Kaiser hatte den Fürsten Adam Czartoryski persönlich als Freund und in allen polnischen Angelegenheiten als Ratgeber in seiner Umgebung, und die beste Bürgschaft seiner Absichten für Polen war dieser Name des bewährten Vaterlandsfreundes. Nach Warschau, an die Spitze der aus dem letzten Kriege geretteten und wiedervereinten polnischen Truppen, sandte er von Wien aus seinen Bruder, den Großfürsten Konstantin, eine Wahl, die alsbald wenigstens durch die große Vorliebe sich rechtfertigte, welche der Prinz für die Polen zeigte. Bei dem gesteigerten Widerspruche, der sich in Wien der Verbindung Polens mit Russland entgegensetzte, lag die Auffassung nahe, diesen Widerspruch als gegen das Bestehen und Gedeihen der Polen selbst gerichtet anzusehen, und wenn es zum Kampfe kommen sollte, konnte dieser die ganze Kraft des polnischen Volksgeistes mächtiger als je vorher ins Feld rufen. Wirklich rief der Großfürst durch eine Bekanntmachung vom 11. Dezember die Polen auf, sich zu bewaffnen für die Verteidigung ihres Vaterlandes, für die Bewahrung ihrer Selbständigkeit.

Bei schon erklärtem Kriege hätte man nicht stärker sprechen können. Diese Aufwallung machte auf den Kongress starken Eindruck, man erkannte den Ernst und die Bedeutung eines Zusammenstoßes, der solche Elemente auf den Kampfplatz führen würde, falls es zu diesem Äußersten kommen müsste. Indessen hatte schon im Voraus die Staatsklugheit der Gegner eingelenkt und so großen Machtverhältnissen gegenüber den allzu herben Eifer gemäßigt; gerade in dem Augenblicke, da der Aufruf des Großfürsten in Wien bekannt wurde, zeigten die Verhandlungen mindere Spannung, und so wollte man beiderseits auf den Zwischenfall, der jene wieder mehren konnte, kein zu großes Gewicht legen.

Varnhagen von Ense.

***

31. Dez. 1814.

Das Aussehen der Staatsangelegenheiten ist unheimlich, aber es ist es nicht wie früher durch das drückende und zermalmende Gewicht, das über unseren Köper aufgehängt ist, sondern durch die Mittelmäßigkeit und Ungeschicklichkeit von fast allen Mitspielern; da ich mir jedoch nichts vorzuwerfen habe, dient mir die intime Kenntnis dieses kläglichen Verlaufes und aller dieser kleinlichen Wesen, die die Welt regieren, weit entfernt, mich zu betrüben, zum Zeitvertreib, und ich genieße dieses Schauspiel, als ob man es eigens zu meiner Belustigung gäbe.

Das Jahr 1815 fängt unter ziemlich guten Auspizien für mich an; was den Kongress betrifft, sehe ich, dass es unnütz ist zu glauben, dass er jemals die leeren Hoffnungen, die sich die Enthusiasten machen, und auf welche ich für immer verzichtet habe, erfüllen wird.

Friedrich von Gentz.

***

Niemand ist hier zufrieden, und auch der Zuschauer wünscht diesem Leben ein Ende. Wann und wie das nun aber geschieht, das mag Gott wissen. Es wogen und stürmen tagtäglich neue Gerüchte durch die Stadt, die bald den Krieg und bald den Frieden posaunen. Heut, den 7., ist der Ölzweig ausgesteckt; morgen ertönt vielleicht der Schlachtruf. Russland will die Kosten des Krieges durch Polen sich zahlen lassen, es will von diesem Lande den eisernen Fuß aufgehoben behalten, um nach Westen weiterzuschreiten. Preußen ist beruhigt durch die Freundschaft Russlands, erleichtert durch die Entsagung auf Südpreußen dessen Wunsch und verlangt den Tausch von Sachsen dagegen. Leicht kann man sich denken, wie Witz und dialektische Gewandtheit diese Forderungen unterstützen und wie sie dagegen ankämpfen durch Österreich, das mit Frankreichs und Englands Unterstützung seinen Worten Gehalt und Nachdruck gibt. So ist es gegangen in Noten und jetzt wieder in mündlichen Konferenzen.

Metternich spricht von dem Prinzip der monarchischen Rechte, Hardenberg von dem des Wohls der Völker, auf solide Grenzen begründet; und es geht immer durcheinander, bis man das Schwert zieht, oder, was das Wahrscheinlichste ist, eine Teilung macht, der Stempel der Mittelmäßigkeit, eine erbärmliche Aushilfe der Not und Schwäche. *Plectuntur Achivi* usw.

An Krieg glaube ich nicht; er wird sich hier nicht an der Herzglut der Parteien entzünden: sein Zunder bleibt aber hier liegen und wird in wenig Jahren auflodern. Übrigens sind die Preußen sehr kampflustig, und auch Alexander scheint dem Kriege nicht zuwider. Unterdessen ringt eine schlaue Politik nach dem höchsten Standpunkt, den Russland jetzt mehr dadurch erhält, dass es nicht über den anderen, sondern mitten zwischen den anderen steht und durch sein Mehr oder Weniger, durch sein Ja oder Nein den Gang der Begebenheiten leitet. Frankreich sieht dem Spuk gern zu und vermehrt das Gedränge, um dann als Hilfsmacht zu scheinen, was als erste handelnde es nicht sein konnte. England ist durchaus für Österreich und macht sich durch seine Politik bei der Gegenpartei, durch die Rohheit und Insolenz seiner Repräsentanten aber bei jeder Partei verhasst.

Mit den anderen steht es, wie es gestanden hat, und der Kronprinz von Württemberg verengt seine Bande immer mehr. Er ist das Augenmerk noch nebenbei von einer anderen Partei, welche die Deutschen gern in die Höhe bringen möchte und sich mit; von jenen, die im Kriege so gewaltig zum Volke geschrien.

Österreich oder vielmehr Metternich, der sich in eigenen Irrgängen wohl ein wenig zu weit weg verirrt hat, trotzt gewaltig auf seine Macht und seine Allianzen; und alles berechnet, sind auch wohl in den K. K. Staaten so viel Truppen verteilt, als die Monarchie noch nie gehabt. Mit allen Reservetruppen beträgt ihre Macht gegen 500.000 Mann. Doch auch 1809 gaben sie so viel an, und was davon konnte sich schlagen? Zeit und Umstände sind wohl günstiger, doch der Geist ist noch morscher, und die moralische Kraft liegt ganz gelähmt darnieder.

Graf Karl von Nostitz.

***

Die Verhandlungen indes, deren Spannung einen Augenblick nachzulassen geschienen, zogen sich bald wieder straffer und stellten nunmehr besonders Preußen in den Vorkampf. Es hieß bereits, Hardenberg werde abreisen und Preußen keinen Teil mehr an dem Kongresse nehmen. Dass der Widerstreit, den ursprünglich Frankreich anfachte und nächst ihm England verschuldete, jetzt vorzugsweise das Ansehen bekam, als sei Österreich dabei Hauptführer, betrübte auf preußischer Seite die für Deutschland Wohlgesinnten, welche alles Heil von der Eintracht der beiden Mächte gehofft hatten und diese Hoffnungen auch jetzt noch festhielten. Aber andere, die Sache schroffer und vereinzelt fassende Gesinnungen wurden erbittert und zeigten sich rasch bereit, die Forderungen des Rechts und der Ehre mit dem Schwerte zu behaupten. Wirklich nahmen die Kriegsgerüchte schon überhand, man fragte nach Stellung und Zahl der Truppen und suchte Richtung und Umfang des neuen Unheils zu ermessen. In Berlin, wo man mit Ungeduld der Langsamkeit des Kongresses spottete, rief man schon laut, nicht Hardenberg sondern Blücher müsse die Sache führen, und der greise Feldherr war nicht der letzte in jugendlichem Mut und Übermut. Scharfe Äußerungen dieser Art konnte man auch in Wien hören, und sie verfehlten ihren Eindruck nicht. Ein im Dezember daselbst gedichtetes Kriegslied, über dessen Verfasser niemand ungewiss sein konnte, weil so tapfere Dichterhand nicht zweimal existierte, ging in Abschriften umher. Darin hieß es frisch und kühn:

> *Die Fahne Brandenburgs, mein Lied,*
> *Die schwinge noch einmal,*
> *Und noch einmal, erzürnt Gemüt,*
> *Ergreif den tapfern Stahl!*
>
> *Denn dort ein feiger Mammeluk,*
> *Und hier ein Jesuit –*
> *Das grinst uns an, weil uns ein Schmuck*
> *Von Ehren reich umblüht:*
>
> *Das hängt an unser Hochgesims*
> *Pechkranzes brennend Reis,*
> *Und hetzt die Hund' auf uns, voll Grimms,*
> *Und mehr noch voll Geschrei's:*
>
> *Die Hunde Frankreichs, noch nicht heil*
> *Von Wunden unsrer Jagd.*
> *Auf, Kugelnblitz! Auf, Lanzenpfeil!*
> *Die Hunde wollen Schlacht.*
>
> *Sie haben sie!*
> *Geschoss Apolls,*
> *Verkünd' es durch die Gaun!*
> *Was sie geschürzt, das Eisen soll's*
> *Auf ihrem Kopf zerhaun.*

Was sie geschürzt, das Eisen soll's auf ihrem Kopf zerhauen! Das klang furchtbar in das diplomatische Geflüster und in die Munterkeit der Feste und wurde Losung und

Feldgeschrei nicht nur preußischer Stimmen allein. Ich habe Männer, von denen man es nicht gedacht hätte, bei diesen Zeilen erschrecken, andere ebenso sie mit Jubel aufnehmen sehen.

Auf der Gegenseite hatten sich die Beeiferungen in ihrem gesuchten Verein bald weiter, als es der anfänglichen Absicht gemäß sein konnte, fortgerissen gesehen. Gewiss war es nicht die Meinung, dass die Sachen zum Kriege kommen sollten. Aber diesen in Aussicht stellen hieß ihn auch bereiten, und als die Sprache Preußens, aus einer festen und starken nun auch eine drohende zu werden schien, Hardenberg ein Wort hinwarf, das keinen Hinterhalt übrig ließ, da schlossen Österreich, England und Frankreich förmlich ein Bündnis und verpflichteten sich durch einen am 3. Januar 1815 unterzeichneten Vertrag zu wechselseitiger Unterstützung. Die Sache war geheim betrieben worden, und geheim sollte auch der Vertrag bleiben. Öffentlich mitgeteilt hat ihn zuerst Herr von Gagern, wenn dieser aber zugleich meint, Russland und Preußen hätten gar nicht um sein Dasein gewusst und der Kaiser Alexander erst durch Napoleon den nähern Inhalt erfahren, so ist dies ganz irrig, denn das Bündnis war auf der Stelle bekannt, und der preußische Kreis genugsam davon unterrichtet. Schon Bartholdy hatte von den Engländern den Anlauf der Sachen längst erlauscht. Überhaupt wird das Richtige und Wahre auch im politischen Fache leicht und schnell gewusst, nur verliert es sich gewöhnlich in einer Masse von mitüberkommenem Falschen, welches den Draußenstehenden oft völlig verwirrt, das aber der Eingeweihte sonder Mühe erkennt und ausscheidet.

Dieses Bündnis war der Hochpunkt der Spannung, die hierauf nicht weiter ging, sondern alsbald wieder nachließ. Den Teilhabern mochte die genommene Stellung doch schon bedenklich scheinen und ein Rückschritt wünschenswert dünken. Die Nachgiebigkeit erfolgte indes zuerst von derjenigen Seite, wo Macht und Selbständigkeit am wenigsten zu bezweifeln waren, von Seiten Russlands. Der Kaiser Alexander stimmte keine Ansprüche in Betreff Polens bedeutend herab, der österreichische Anteil wurde günstiger gestellt, der preußische beträchtlich ausgedehnt, Thorn und Krakau sollten freie Städte werden, und von diesen wurde später die erstere noch zu Preußen gefügt. Hierdurch bekamen auch die Verhandlungen über Sachsen eine veränderte Gestalt, und beiderlei Fragen rückten wieder gemeinsam einer, zwar noch immer herben und schweren, aber doch schon entschieden friedlichen Lösung entgegen.

Varnhagen von Ense.

***

Jemand, der Mr. de Talleyrand oft sieht und ziemlich vertraut mit ihm ist, hat mir gesagt, dass er in ziemlich schlechter Laune zu sein scheint, und dass er nicht viel vom Kongress erwartet. Dieselbe Person hat mir versichert, dass Mr. de Talleyrand ihm im tête-à-tête gesagt hat: „Frankreich verlangt nichts für sich, aber es muss sich den Vergrößerungen Russlands widersetzen, und wir werden es niemals leiden, dass Polen mit dem Zarenreich vereinigt wird; man mache daraus ein unabhängiges Königreich, und wir werden gern darin einwilligen. Ich habe es bewiesen, fügte er hinzu, dass ich mit dem System, alles an sich zu reißen, nicht übereinstimme, aber wenn es einen Koloss in Europa geben soll, so ziehe ich den Koloss an der Seine dem an der Newa vor. Die Vernichtung des Königs von Sachsen ist eine himmelschreiende Ungerechtigkeit; das heißt in der Art Bonapartes zu handeln; dieser König ist nicht schuldiger als die anderen; vielleicht ist er schwächer gewesen, aber nach der Schlacht bei Lützen musste er an das Glück Napoleons glauben, und ist seitdem nicht Sachsen immer durch französische Truppen besetzt gewesen? Man muss den König von Sachsen nach dem beurteilen, was er früher war, und nicht nach dem, was er seit einigen Jahren gewesen ist."

Jean-Gabriel Eynard.

***

Die Besitznahme von Sachsen durch Preußen macht in Wien einen großen Eindruck; man tadelt sie laut und erwägt nicht, dass sie die Wirkung ist einer Anwendung des Eroberungsrechtes, nach Maßgabe der gegenwärtigen Lage der europäischen Angelegenheiten. Sachsen ward erobert durch einen gerechten Krieg; es konnte nach dem vernünftigen Urteile der Eroberer darüber bestimmt werden. Bei dieser Bestimmung ward man geleitet durch die mit Preußen im Kalischer Frieden übernommene Verpflichtung, es in den Zustand des Jahres 1806 wieder herzustellen. Sie konnte nicht anders erfüllt werden als durch Überlassung von Sachsen, da Russland den größten Teil der preußischen Provinzen behalten wollte, den deutschen Fürsten durch die einzelnen Verträge ihre Besitzungen versichert waren, also die Markgraftümer an Bayern blieben, den übrigen nicht zum Vorteil Preußens entzogen werden konnten und diesem selbst ein Teil seiner Länder durch England zum Vorteile von Hannover abgedrungen wurde.

Freiherr von Stein.

***

… Die erste und wichtigste der für die Wiener Verhandlungen reservierten Fragen ist zweifellos diejenige über die Festsetzung des Schicksals des Herzogtums Warschau gewesen. Diese Frage umschloss in der Tat alle Möglichkeiten einer Regelung der allgemeinen europäischen Angelegenheiten unter dem Gesichtspunkt der Politik und der Länderverteilung, sei es, dass die ehemals polnischen Provinzen sämtlich oder teilweise in einem politisch unabhängigen Körper vereinigt worden wären, sei es, dass die Teilung des Gebietes des Herzogtums Warschau unter eben diese Höfe das Mittel zur Vervollständigung der von den Bundesverträgen von 1813 vorgesehenen Gebietserweiterungen geliefert hätten.

Seit das Schicksal des Herzogtums Warschau aufgehört hat, eine der Streitfragen zu bilden, und infolge seiner Bestimmung, zur Erweiterung des russischen Kaiserreichs zu dienen, sich diese Frage nur noch auf die Abschätzung einiger Grenzpunkte beschränkt, ist der Kaiser ziemlich entschlossen, dem allgemeinen Wohl das zu opfern, was sich lediglich mit dem besonderen Interesse seiner Monarchie verknüpft, und zögert nicht, seinem Wunsch, den Frieden und die guten freundschaftlichen Beziehungen zu Russland aufrechtzuerhalten, seine bisherigen Ansprüche auf den Besitz Krakaus und eines entsprechenden umliegenden Gebietes unterzuordnen. Er muss indessen wünschen, dass diese Stadt, ebenso wie Thorn, an Österreich und Preußen zur Einverleibung in deren Staatswesen zurückgegeben werden. Die Unabhängigkeit dieser Städte würde in gleichem Maße die Ruhe der drei benachbarten Mächte bedrohen. Außerhalb ihres direkten Einflusses würden sie sehr bald der Herd von Verschwörungen und Unruhen aller Unzufriedenen sein.

Was die Flussläufe der Warthe und Nidda anbetrifft, welche die letzte natürliche Grenze bilden, und die einzige, die noch auf eine militärische Idee gegründet ist, so muss der Kaiser viel Wert auf deren Erwerbung legen. Der Lauf der Nidda allein ist indessen für Österreich nicht mehr von solcher Wichtigkeit, als dass Seine Majestät daraus eine *conditio sine qua non* bei einiger Einigung mit Russland würde machen wollen. Auf der anderen Seite wird jede Gebietserweiterung, die Eure Hoheit für Preußen in dem Herzogtum durchsehen kann, vom Kaiser für eine wirkliche Verbesserung der gemeinschaftlichen Maßnahmen angesehen werden.

Metternich an Hardenberg, 10. Dez. 1814.

Ununterbrochen folgten Feste auf Feste, es schien, als halte man jeden Augenblick für verloren, den man nicht dem Vergnügen weihe. Alle acht Tage war großer Empfang und Ball bei Hof. Dem Impulse gehorchend, der von oben herab gegeben wurde, hatten die Familien der höchsten österreichischen Gesellschaft gleichfalls ihre bestimmten Tage, wo sie in ihren Salons die Tausende von Fremden empfingen, welche Geschäfte oder noch mehr die Vergnügungen nach Wien gezogen hatten. Montags versammelte man sich bei der Fürstin Metternich, donnerstags beim Herrn von Trautmannsdorf, dem Oberstallmeister; sonnabends bei der schönen Gräfin Zichy. Um auch ihrerseits für diese anmutige Gastlichkeit sich dankbar zu bezeigen, entsprachen alle Ambassadeurs und Bevollmächtigte durch Feste dem glänzenden Empfang, der ihnen selbst zuteilwurde: vermöge dieses fortwährenden Austausches flossen die Tage dahin, ohne dass man sie zählte, und jedermann schien die Maxime angenommen zu haben: Glücklich zu sein ist das erste Bedürfnis des Menschen.

Die Kaiserin von Österreich war in gewisser Beziehung die Seele dieser Aufeinanderfolge von Bällen, Banketts, Reunionen, Maskeraden usw. In Italien geboren, dem berühmten, durch Ariost und Tasso gefeierten Hause Este entsprossen, hatte sie von ihren Ahnen Geschmack und Anlage für alle Künste geerbt. Ihre Güte war außerordentlich: Ihre frische Phantasie erfreute sich an den Einzelheiten dieser freudigen Feste. Zwei französische Künstler Isabey und Herr Moreau, ein Architekt voller Talent, waren ihr gewöhnlicher Beistand. Sie erfand, ordnete an, und die Aufgabe der Künstler war es, ihre lachenden, reizenden Gedanken treu auszuführen und ins Werk zu setzen.

Eine ihrer Lieblingsvergnügungen war es, in ihren Zimmern Theatervorstellungen zu geben. Keine Mühe scheuend in der Rolle eines Impresario, hatte sie es dahin gebracht, eine Vereinigung von Schauspielern aus der Gesellschaft zu rekrutieren und zusammenzubringen. Unter ihnen glänzten Talente, welche selbst auf der Bühne nicht am unrechten Orte gewesen wären.

Einige junge Leute waren beflissen, der trockenen Diplomatie, die damals, wie man sagt, nicht immer eine *gaie science* war, eine Diversion zu machen, und hatten unter sich eine Art von poetischer Verbindung gestiftet: man nannte sie die Gesellschaft der Troubadours.

Das Fest, das der Hof gab, war für die meisten der Zuschauer von einer ganz neuen Art: es waren Bilder und Romanzen, die man darstellte. Wir begaben uns zu guter Stunde in den Kaiserpalast, der Fürst von Ligne und ich. Es hatte noch nicht begonnen, doch waren die Säle schon voller Menschen. Den Bemühungen des Grafen Artur Potocki hatten wir es zu danken, dass wir die Plätze fanden, welche er uns zwischen der Fürstin Marie Esterhazy und dem Prinzen Leopold von Sachsen-Koburg aufgehoben hatte. Ich traf den letzteren zum ersten Male in der Gesellschaft: er war dem Fürsten von Ligne bekannt, der uns denn auch sogleich einander näherte. Er schien mir ebenso schüchtern als schön. Man kann nicht leugnen, dass der Adel des Blutes und der Geburt sich niemals schöner enthüllte als in der ausgezeichneten Miene und der ungezwungenen Haltung dieses Repräsentanten eines erlauchten Hauses. Ohne Zweifel war er damals fern davon, das große Glück vorauszusehen, zu welchem ihn das Schicksal berief, indem es ihn erst mit der größten Fürstin Europas verband, dann auf den Thron von Belgien setzte und endlich ihm eine vollendete Gattin gab, die aus dem Blute des Königs von Frankreich entsprossen ist. Heute beruht auf ihm eine Zukunft des Glückes von zwei Familien, vielleicht von zwei Völkern ...

Nachdem wir einige Worte der Höflichkeit ausgetauscht, verließ uns Prinz Leopold: er hatte in einem der lebenden Bilder, die gegeben werden sollten, eine Rolle auszuführen; wir blieben bei der Fürstin Esterhazy.

Was soll man nach allem, was schon über das berühmte fürstliche Haus Esterhazy gesagt worden ist, noch sagen? Wer kennt nicht seinen Adel, der sich in die Nacht der Zeiten verliert, und seine Macht, die der von Königen gleichkommt? Sein Pomp, sein Luxus, seine Reichtümer sind von der Art, dass der Geist sich kaum eine Idee davon machen kann und man versucht ist, die Aufzählung derselben ins Reich der märchenhaftesten Geschichten zu verweisen. Sein Territorialbesitz umfasst in seinem Umkreise mehr als hundert Dörfer und Flecken, zirka vierzig Städte und mehr als dreißig Schlösser oder feste Plätze. Die Landsitze, welche den Hauptstädten wirklicher Staaten gleichen, fassen eine ungeheuere Anzahl von herrschaftlichen Appartements, Bildergalerien, Theatern in sich. Das ungarische Husarenkostüm, das ganz mit Perlen gestickt ist, und das sich von Vater zu Sohn vererbt, ist, wie man sagt, von einem Werte von vier Millionen Gulden und kostet jedes Mal, wenn es getragen worden ist, zwölftausend Gulden Ausbesserung. Auf ihren weiten Domänen üben die Esterhazy das Recht über Leben und Tod aus: sie haben Truppen und

Leibgarden in ihrem Golde. Außerdem hat ein kaiserliches Dekret, das vom Jahre 1687 herrührt, ihnen das Recht zugestanden, Münzen zu prägen und den Adel zu erteilen. Wie mancher Souverän möchte versucht sein, seine Krone gegen das Los solcher Untertanen zu vertauschen.

Die Fürstin Marie Esterhazy, geborene Fürstin Liechtenstein, war zu jener Zeit noch, obgleich sie schon über die erste Jugend hinaus war, von entzückender Anmut: sie besaß besonders jene rührende Güte, welche sogar den Frauen noch Reiz gibt, die sonst keine Reize mehr behalten haben. Ihr immer sich gleichbleibender Charakter, ihr anziehendes Wohlwollen veranlassten mich, die Gelegenheiten aufzusuchen, die mich ihr nahe bringen konnten. Ich hatte früher ihren Gemahl, den Fürsten Nikolaus, in Paris gesehen bei Madame Récamier, dieser Freundin meiner Jugend, der schönsten der Frauen, der würdigsten, Bewunderung und Ehrfurcht einzuflößen. Als leidenschaftlicher, gebildeter Liebhaber der schönen Künste, besonders der Musik, war der Fürst der Mäzen der Literaten und Künstler: er behandelte sie als Kenner und belohnte sie königlich.

Nach und nach traten die Souveräne ein und setzten sich auf ihre Plätze: der Kaiser Alexander saß wie gewöhnlich an der Seite der Kaiserin von Österreich; ein seltsames Missgeschick wollte es, dass sie beide ein etwas schweres Gehör hatten, Alexander auf der einen, die Kaiserin auf der entgegengesetzten Seite. Die Etikette erheischte, dass sie sich gerade so setzen mussten, dass sie sich nicht verstehen konnten: deshalb schienen sie fortwährend Frage und Antwort zu spielen. Alexander zeichnete sich zu jener Zeit durch seine Schönheit und die Gewähltheit seiner Formen aus: sein Herz war nicht unempfänglich für die Schmeicheleien, welche man in dieser Beziehung an ihn richtete; und man wäre ein schlechter Hofmann gewesen, wenn man ihn hätte bemerken lassen, dass man dies sein Gebrechen wahrnehme.

Neben dem Kaiser von Österreich saß die reizende Kaiserin Elisabeth[21] von Russland. Dieser Engel des Himmels vereinigte in sich alles, was das Glück ihres Gatten und das ihrige begründen konnte. Ihr Gesicht hatte einen hinreißenden Ausdruck und ihre Augen strahlten die Reinheit ihrer Seele wieder. Sie hatte das schönste, cendréblonde Haar, das sie gewöhnlich auf die Schulter wallen ließ. Ihre Figur war elegant, schlank und schmiegsam, und ihr schwebender Gang verriet sie selbst unter der Maske augenblicklich. Es war unmöglich, eine Frau zu sehen, auf welche man glücklicher Virgils Vers anwenden konnte:

"Incessu patuit Dea ... "

Mit einem liebenswürdigen Charakter verband sie einen lebhaften, gebildeten Geist, Liebe zu den schönen Künsten und eine Großmut ohne Grenzen. Die zierliche Anmut ihrer Person, der Adel ihrer Haltung, ihre unerschöpfliche Güte gewannen ihr alle Herzen. Von einem Gatten, den sie anbetete, seit den ersten Augenblicken ihrer Verbindung vernachlässigt, hatte sie in Einsamkeit und Kummer einer süßen Schwermut Raum gegeben. Ihre Züge trugen das Gepräge dieser Stimmung, welche dem Tone ihrer Stimme, ihren geringsten Bewegungen etwas Bezauberndes und Unwiderstehliches verlieh. –

Man hatte den Vorhang heruntergelassen, um das letzte Gemälde anzuordnen, welches das Schauspiel auf glänzende Weise vollenden und den Olymp mit allen seinen mythologischen Gottheiten darstellen sollte. Es war nichts vernachlässigt worden, um die Ausführung der Größe des Vorwurfs entsprechen zu lassen. Indessen hatte man einen Augenblick befürchten müssen, dass diese Ausfüh-

---

21 geb. Prinzessin von Baden.

rung nicht zustande kommen würde, was zwei Tage lang zu einer auf andere Weise zarten und schwierigen Negoziation Anlass gab, als die Negoziationen, welche gewöhnlich unter den hohen Diplomaten verhandelt werden, und es hatte nichts weniger bedurft, als eine hohe Intervention, um diese Frage zu erledigen, an welcher die Götterversammlung leicht gescheitert wäre. Folgendes ist der Gegenstand dieser ernsthaften Befürchtung.

Alle Rollen im Olymp waren verteilt; dem Prinzen Leopold von Sachsen-Koburg, dessen Schönheit ausgezeichnet war, fiel der Jupiter zu, und dem Grafen Zichy der Mars Aber es fehlte ein Apollo; unter der Gesellschaft der Troubadours war der junge Graf von Wrbna der einzige, der diese Rolle hätte würdig ausführen können. Die Rolle war ihm also angeboten worden, und er hatte sie angenommen; aber der Graf, welcher in jeder Beziehung alle Eigenschaften in sich vereinigte, welche die glänzende Rolle von ihm verlangte, hatte außerdem noch etwas, was nicht zum Programm gehörte; seine Oberlippe war nämlich mit einem hübschen Schnurrbart geziert, und er hielt darauf, wie man auf alles hält, was einem nicht übel steht. Nun hatte man aber, weder im Olymp, noch auf seinem Sonnenwagen oder als einfachen Hirten jemals den Gott des Tages mit diesem Schmuck eines Husarenrittmeisters gesehen.

Der mit der Anordnung des Gemäldes Beauftragte nannte sich Omer, was zu allen Arten von Witzworten Anlass gab. Omer wurde daher zu dem jungen Grafen abgesandt, um Unterhandlungen anzuknüpfen und ihn aufzufordern, dass er sich des ungeeigneten Schmuckes entledigen möge. Trotz seines poetischen Namens[22] (die Orthographie beiseite gesetzt) wird Omer kaum angehört. Gründe, Schmeicheleien, Bitten, alles wird nach und nach

---

22 Homer, frz. Homère.

bei dem schönen, jungen Manne, aber vergebens, versucht. Man setzt ihm auseinander, dass es unmöglich sei, das angekündigte Tableau darzustellen; – auch das hilft nichts. Unerbittlich wie Achill, der sich in sein Zelt zurückgezogen, schien er den Schwur getan zu haben, sich von seinem Schnurrbarte nur mit dem Leben zu trennen. Das Gerücht von dieser sonderbaren Hartnäckigkeit verbreitet sich mit der Schnelligkeit einer bösen Nachricht; man läuft hin und her, man beunruhigt sich, man geht mit sich zu Rate, man vergisst alle anderen Vergnügungen, man hätte sogar den Kongress vergessen, wenn überhaupt nur jemand daran gedacht hätte, dass Kongress gehalten wurde. Der Schnurrbart wurde Gegenstand aller Unterhaltungen und der allgemeinen Befürchtungen.

Endlich nimmt man bei dieser ernsten Angelegenheit zu einem großen Mittel Zuflucht: man spricht mit der Kaiserin davon. Diese ging offen in das Komplott ein und köderte an demselben Abend den jungen Widerspenstigen, dass er besiegt oder vielmehr verführt einen Augenblick sich entfernt und dann mit einer Oberlippe wiederkommt, die weiß und glatt war wie die eines jungen Mädchens. So war auf ein einziges Wort Ludwigs XIV. der Wald unter der Axt gefallen, welcher auf dem Schlosse *petit bourg* die Aussicht hinderte; wahrhaftig, die Souveräne und besonders die Souveräninnen haben zum Niederschlagen oder zum Aufbauen stets zauberkräftige Worte.

Das Opfer war gebracht, und man wusste, dass vermöge des glücklichen Abschlusses dieser Unterhandlungen Omer sein olympisches Werk zu einem guten Ende hatte bringen können. Endlich geht der Vorhang auf. Die göttliche Versammlung zeigt sich dem ungeduldigen Blicke; die Königin der Götter ist dargestellt durch die Tochter des Admirals Sir Sidney Smith, Venus von Fräulein von Wilhelm, Ehrendame der Prinzessin von Thurn und Taxis, und

Minerva durch die schöne Gräfin Rosalie Rzewuska. Die zuerst durch die einzige Schönheit des ganzen Gemäldes entzückten Augen richten sich bald auf Apollo allein, der sich in seinem ganzen Ruhme zeigt und für seinen Gehorsam durch süßes und erlauchtes Lächeln wohlbelohnt wird.

Graf de la Garde.

***

Wenn jeder Souverän seine Minister und Gesandten hatte, so hatte die Gesellschaft eines jeden Landes auch ihre Repräsentanten. Für jene waren die Erörterungen der Geschäfte und die Wahrung des Interesses vorbehalten, diesen aber die Sorge und die alleinige Sorge der Empfangsfeierlichkeiten und der Feste. Unter den Bevollmächtigten dieser Salondiplomatie nannte man für Frankreich die Gräfin Edmund von Périgord, für Preußen die Fürstin von Thurn und Taxis, für England Lady Emilie Castlereagh, für Dänemark Gräfin Bernstorff. Die vornehme deutsche Gesellschaft teilte sich in mehrere Kreise, deren jeder seine besondere Physiognomie und seine besonderen Schattierungen hatte. In den Gesellschaften der Fürstin Marie Esterhazy, Colloredo, Liechtenstein, der Gräfin Zichy bewunderte man die Urbanität, die Anmut vereint mit tausend Einzelheiten der entzückendsten Gastlichkeit. Bei der Gräfin Fuchs herrschte die Ungezwungenheit vertraulichen Wesens. Dagegen ging es bei der Fürstin Fürstenberg sehr ernsthaft zu; durch ihren energischen Charakter wie durch ihre Kenntnisse ausgezeichnet, sah diese Dame gewöhnlich die Fürsten bei sich; wie viele Herrscher waren ihr untertan geworden! Das Haus der schönen Herzogin von Sagan wurde auch in die Reihe der besuchtesten gestellt. Es hätte von dieser merkwürdigen Frau nur abgehangen, durch ihren überlegenen Geist einen großen Einfluss auf die ernsten Geschäfte sich anzueignen; ihr Urteil war eine Autorität, aber sie missbrauchte dieselbe nicht. Die diplomatischen Mächte versammelten sich bei Herrn von Humboldt und bei Herrn von Metternich, den ich eigentlich hätte voranstellen sollen. In der Tat, obgleich dieser Minister der Zentralpunkt des Geschäftslebens war, wusste er es doch noch möglich zu machen, dass er die Fremden mit der unermüdlichsten Höflichkeit bei sich aufnahm.

Graf Karl von Nostitz.

***

Der Salon der Russen war vornehmlich bei der Fürstin Bagration. Diese Dame, die Gattin des Feldmarschalls, machte in gewisser Weise ihren Landsleuten die Honneurs von Wien; sie war einer der glänzendsten Sterne der Menge von Sternbildern, welche der Kongress vereinigt hatte. Durch den Reiz und die Gewähltheit ihres Benehmens schien sie berufen, die artigen Formen und die aristokratische Ungezwungenheit, welche damals die Petersburger Salons zu den ersten in Europa machten, nach Wien überzusiedeln; und in dieser Beziehung wusste niemals ein bevollmächtigter Minister besser seine Instruktion zu befolgen.

Die Fürstin Bagration, welche Paris später hat bewundern können, war damals im vollen Glanze ihrer Schönheit. Man denke sich ein junges Gesicht, weiß wie Alabaster, von leichtem Rosenrot angehaucht, zarte Züge, eine sanfte, ausdrucksvolle, leicht erregbare Physiognomie, einen Blick, dem die Kurzsichtigkeit etwas Ungewisses und Schüchternes gab, eine Gestalt von mittlerer Größe, aber vortrefflich gebaut, und in ihrer ganzen Person eine orientalische Weichheit mit andalusischer Grazie gepaart; so war, ohne alle Schmeichelei, die reizende Fürstin, welche in ihren Soireen die berühmten Persönlichkeiten zu amüsieren berufen war, die mitunter so gelangweilt waren, als der nicht ergötzbare Liebhaber der Frau von Mainteneau.

Graf de la Garde.

***

15. Januar 1815.

Der Kaiser Alexander ergibt sich mit einer mehr als gewöhnlichen Aufmerksamkeit dem Umgange der hiesigen Damen, so dass die russischen sogar unzufrieden scheinen. Eine sultanische Auszeichnung findet aber nicht statt, und man muss durchaus sagen, dass die Sitten der Wiener durch die Russen nicht verdorben werden. Die *aimables vainqueurs* haben zwar unter dem Vortritt von Czernischeff oft angesetzt, aber mit nur wenig Erfolg, und mancher Siegesruf geht ganz an den Wiener Damen zugrunde. Am genügsamsten ist wohl der Kaiser; Wort und Blick scheinen ihm zu genügen. Seine Galanterie hat sechs Schönheiten hier bezeichnet: *la beauté coquette*, Karoline Szecheny; *la beauté triviale*, Sophie Zichy; *la beauté étonnante*, die Esterhazy Rosine; *la beauté céleste*, Julie Zichy; *la beauté du diable*, Gräfin Sauerma; *la beauté qui inspire seule du vrai sentiment*, Gabriele Auersperg.

Graf Karl von Nostitz.

***

Unter den Salons, welche dem des Herrn von Talleyrand die Palme des guten Tones und der Eleganz streitig machen konnten, verdient zuerst derjenige der Prinzessin Lubomirska genannt zu werden. Seit mehreren Jahren in Wien lebend, schien diese Dame es sich zur Pflicht gemacht zu haben, allen Fremden, die ihr vorgestellt zu werden wünschten, ihr Haus zu öffnen, und auch während jenes denkwürdigen Zeitabschnittes verletzte sie nie ihr sich selbst auferlegtes Gesetz der Gastfreundschaft. Niemand vermochte besser als sie eine genaue Idee von der fast ans Fabelhafte grenzenden Lebensweise der polnischen Großen zur Zeit ihres höchsten Glanzes zu geben. In ihr fand man alles vereinigt, was man von der Größe der Potocki, der Prachtliebe der Radziwil, der Eleganz der Lubomirski und so vieler anderen wusste, deren Andenken unvergänglich ist. Ihr in der Nähe der Wälle gelegener Palast, ihre Dienerschaft, ihre Umgebung, alles an und bei ihr bildete ein Ganzes, welches zum Teil Europa und zum Teil Asien angehörte. Als ein vertrauter Freund ihres Großsohnes, des Prinzen Friedrich, wurde ich von ihr wie ein alter Bekannter empfangen. Ich glaubte in ihren Salons zu Wien die Wunderwerke von Pulawi[23] und die Zaubereien von Tulezim[24] wiederzufinden und gedachte dabei der Prinzessin Czartoryska und der schönen Gräfin Sophie Potocka, die von einem gleichen Ensemble höchsten Glanzes und feinsten Tones umgeben waren.

Graf de la Garde.

***

Entsprechender meinem Sinn und Verhältnis war das Haus der liebenswürdigen und feinen Gräfin von Fuchs, deren ich schon bei früheren Jahren erwähnt habe, und die fast im Ernste den scherzhaften Namen „Königin" führte, wie denn dergleichen Koterienamen stärkere Lebenskraft in Wien haben, als an irgend anderen Orten. Sie beherrschte

---

23 Landsitz des Fürsten Czartoryski.

24 Landsitz der Gräfin Potocka.

durch den Zauber ihres Wesens ein weites Reich von Untertanen, die mit seltener Treue an ihr hingen, und in deren Zahl zu gehören auch mir zum Verdienst und Vorteil gerechnet wurde. Die größten Auszeichnungen der Wiener vornehmen Welt fanden sich hier in traulicher Weise zusammen, in doch großer Mischung, wodurch der Reiz des Umganges nur erhöht wurde. Prinz Philipp von Hessen-Homburg, Gentz, die Fürsten Esterhazy und Liechtenstein, die Grafen Neipperg und Wallmoden, dazu die Kurländischen Prinzessinnen mögen beispielsweise genannt sein. Auch hier aber veränderte die Kongresszeit manches, und der freundliche deutsche Ton ging in einen spitzeren französischen über, schon dadurch, dass der Prinz Eugen Beauharnais, Napoleons Stiefsohn und gewesener Vizekönig von Italien, sich beinahe täglich einfand und manchen Anhang mit sich zog. Diese Beimischung, wie artig und merkwürdig in manchem Betracht, verwandelte den ursprünglichen Stoff nicht günstig, und das frühere Behagen war allerdings vermindert. Überhaupt drückte das Gewicht der zahlreichen, hohen und mächtigen Fremden doch zuletzt alle Wiener Gesellschaft mehr oder weniger aus ihren Fugen, und mancher ältere Teilnehmer sehnte sich nach der Zeit, wo dieser erhöhte Glanz wieder erloschen sein würde. In diesem Betreff machte vielleicht nur gerade das Haus eine Ausnahme, wo sie am wenigsten schien stattfinden zu können. Es war dasjenige, dem die Gräfin Julie Zichy, geborene Gräfin Festetics, als Frau und Wirtin verstand, und wo die höchsten Monarchen gern in engerem Kreise zum Besuch erschienen. In dem reinsten Adel der Weiblichkeit strahlte hier die größte Schönheit, der Ausdruck der Unschuld und Tugend in aller Fülle der Weltbildung. Die Gegenwart der höchsten Gäste schloss natürlich andere aus; doch konnte die herrliche Erscheinung bei vielen Anlässen auch der allgemeinen Bewunderung sich nicht entziehen, und der äußere Anblick schon bestätigte jeden vernommenen Ruf der inneren Vortrefflichkeit. Als wenige Jahre später, noch in voller Jugendblüte, dieses Leben gebrochen wurde, schien der Bildner, der die Scheidende in der Gestalt eines der Erde entschwebenden Engels darstellte, auch hierin nur eine schlichte Wahrheit auszudrücken. Über dieses kurze, aber schöne und reiche Leben ist ein brieflicher Aufsatz Friedrichs von Schlegel vorhanden, der künftig vielleicht ans Licht treten wird. Die Herzogin von Sagan bildete wie immer den Mittelpunkt eines lebensvollen Kreises, der diesmal durch Vornehmheit und Bedeutung noch gesteigert war. Das einnehmende, so mild gütige als schwungvoll kräftige Wesen dieser schönen Dame wirkte mit siegender Macht, und es schien nur von ihr abzuhängen, auf große Entscheidungen Einfluss zu gewinnen. Dass sie dergleichen Ehrgeiz, bei solcher Befähigung dazu, nicht hegte, sondern gern und leicht auf das den Frauen eigenste Gebiet sich beschränken mochte, erhöhte nur den Reiz ihrer Liebenswürdigkeit.

Viele angesehene, schöne und vortreffliche Damen wären teils als Wirtinnen, teils als Gäste noch zu nennen, könnte hier die Absicht sein, alle gesellschaftlichen Zierden dieser großen Kongresswelt auch nur zu nennen. Unter den fremden Bedeutendheiten glänzte die Fürstin von Thurn und Taxis, geborene Prinzessin von Mecklenburg-Strelitz, welche durch die Gesichtszüge, wie durch Anmut und Wohlwollen des Benehmens an ihre Schwester, die herrliche, leider vor dem siegreichen Umschwunge der Dinge noch inmitten der Trübsal dahingeschiedene Königin Luise von Preußen erinnerte. Durch kraftvolle Haltung und eingreifende Klugheit zeichnete sich die Fürstin von Fürstenberg aus, um welche sich die bedrängten, durch den Rheinbund zu Untertanen herabgedrückten fürstlichen und gräflichen Standesgenossen zu Rat und

Tat versammelten. Die Preußen vermissten die Frau von Humboldt, welche bis kurz vor dem Kongresse in Wien ein paar Jahre hindurch eine erwünschte, so heitere als geistvolle Geselligkeit gebildet hatte.

Varnhagen von Ense.

***

Zu jener Zeit wollten die ersten Bankiers Österreichs nicht weniger für die vornehmen Gäste des Kongresses tun als der Hof. Freilich ließ der Zusammenfluss von reichen Fremden durch ihre Hände ungeheure Summen gehen, von denen ein guter Teil ihnen blieb. Unter den Häusern der Finanzfürsten zitterte man neben Arnstein die Geymüller, Eskeles und den Grafen Fries; ihre Häuser waren fortwährend den Fremden geöffnet, der unerhörte Luxus ihrer Gastfreiheit konnte nur durch die Liebenswürdigkeit des Empfanges übertroffen werden. Das Haus des Grafen Fries, am Josephsplatze gelegen, war eines der schönsten von Wien und wetteiferte mit den herrlichsten Palästen. Man rühmte ebenso wohl sein unermessliches Vermögen als die Eleganz seiner Person und die Umgänglichkeit seiner Manieren.

Die Feste, welche in diesen Häusern gegeben wurden, machten sich unter allen denen des Kongresses bemerklich, und das will nicht wenig sagen, denn ein jeder Tag sah ein neues Wunder dieser Art sich begeben.

Der Baron Arnstein hatte sozusagen sich selbst übertroffen. Die seltensten Blumen, allen Klimas entlehnt, schmückten die Treppen, die Salons, die Tanzsäle mit reichstem Farbenglanze und ausgezeichnetstem Dufte. Tausende von Kerzen und Spiegeln, Gold und Seide glänzten überall. Eine ausgezeichnete Musik, wie man sie damals nur in Wien hören konnte, bezauberte das Ohr. Es war mit einem Worte eines der unvergleichlichen Resultate, welche der Reichtum erlangt, wenn er vom Geschmacke unterstützt wird.

Die vornehmste Gesellschaft von Wien drängte sich in den Salon, alle einflussreichen Personen des Kongresses, alle Fremden von Auszeichnung, alle Häupter der fürstlichen Häuser waren anwesend, es fehlten eigentlich nur noch die Souveräne. Das Auge fand entzückt alle die reizenden Frauen wieder, in deren Besitz Wien seinen Stolz setzte und welche die Seele und der schönste Schmuck dieser ausgezeichneten Feste waren.

Mitten unter diesen aristokratischen Schönheiten glänzte, ohne die Konkurrenz zu fürchten, die Baronin Fanny Arnstein, mit Unermüdlichkeit den Fremden entgegenkommend, und Madame Geymüller mit dem ätherischen Wuchse, dem zu Ehren man sie die Tochter der Luft nannte.

Die Soiree begann mit einem Konzerte. Man braucht darüber nur zu sagen, dass es von den ersten Künstlern Wiens ausgeführt wurde.

Auf das Konzert folgte ein Ball und dem Balle ein Souper, bei welchem der Baron sich ein Vergnügen daraus gemacht zu haben schien, alle Jahreszeiten und alle Entfernungen als nicht vorhanden darzustellen. Er hatte die Erzeugnisse aller Länder und aller Klimas vereinigt. Die Säle waren mit Bäumen geschmückt, die mit reichen Früchten beladen waren. Es nahm sich merkwürdig aus, mitten im Winter wie in einem Garten der Provence Kirschen, Pfirsiche und Aprikosen pflücken zu sehen. Ein Raffinement des Luxus, das hier zum ersten Male an den Tag gelegt wurde.

Graf de la Garde.

***

Ungeachtet der zahlreichen großen Geselligkeitsmächte, welche in Palästen hausten, und zu deren Mittags- und Abendglanze sich Willkommene und Unwillkommene drängten, war doch das Verlangen, sich noch um andere, von jenen verschiedene Mittelpunkte zu versammeln, so groß und allgemein, dass auch der unscheinbarste Raum hierzu genügte, und das Bedürfnis der Herzlichkeit, des Zutrauens und des freisinnigen Geistes überbot nicht selten die Ansprüche der Pracht und Üppigkeit. So wurden alsbald außer den einheimischen stilleren Kreisen manche fremde bemerkbar, wo sich, wie in den höchsten, Unterhaltung und Geschäfte förderten, und von denen vielerlei ausging, was seinen dunklen Ursprung hernach verleugnete. So hatte Doktor Cotta mit seiner Frau, man kann sagen, fast nur ein Zelt aufgeschlagen, so eng und flüchtig war alles bestellt, allein dieses Zelt war eine Mitte vieler Verknüpfungen. Cotta war nach Wien gekommen, um in Gemeinschaft mit Bertuch aus Weimar die Sache des deutschen Buchhandels zu vertreten und allgemeine Abhilfe gegen den Nachdruck zu erlangen. Allein unter dieser bescheidenen Hülle bargen sich viele andere Aufträge und Betreibungen, der württembergischen Landstände, der deutschen Sachen überhaupt; und zahllose Mahnungen, Einreden, Verständigungen fanden durch ihn, mittels der ihm gehörigen Allgemeinen Zeitung in Augsburg und des durch seinen Unternehmungsgeist auch in Hamburg erworbenen Deutschen Beobachters, gleichsam eine öffentliche Rednerbühne. Dass er hierbei nach verschiedenen Seiten gefällig sein musste, hinderte ihn nicht, im Ganzen doch immer seiner eigensten Meinung und der von ihm gewählten Seite das Übergewicht zu erhalten. Persönlich stand er mit den größten Staatsmännern, ja, mit gekrönten Häuptern in vertraulichem Verkehr, und seine Verschwiegenheit und Klugheit, sowie die überall hinreichenden Hilfsmittel seiner literarischen Geschäftsverbindung machten ihn zu dem sichersten und geschicktesten Träger mancher so wichtigen als zarten Anliegen. Unglaublich ist es, in welcher Schlichtheit und Verleugnung dieser angesehene und auch bedeutend reiche Mann sich unscheinbar zu Fuß durchdrängte, alles selbst tat, keinen Gang sich verdrießen ließ, kein Wetter scheute, und in allen oft kleinlichen Einzelheiten, die er besorgte, doch immer den Blick frei und kühn auf das Große und Ganze gerichtet hielt.

Varnhagen von Ense.

Deutschland sollte zu einem Bunde souveräner und unabhängiger Staaten gestaltet werden; allein wo fand sich das Mittel, die hierin liegenden unvereinbaren Gegensätze zu versöhnen? Ein organisierter Bund setzt die Bildung eines Gesamtkörpers voraus, der gemeinschaftlich nach einem festgesetzten Plan und zur Erreichung eines bestimmten Zieles handelt. Er bedarf unumgänglich gewisser Einrichtungen für die Entscheidung von Streitigkeiten zwischen den Bundesgliedern, um Tätlichkeiten abzuschneiden, welche Verwirrungen in seinem Inneren anstiften und ihn zuletzt sprengen müssten. Der Widerstand gegen Angriffe von außen erfordert weiter eine hinlängliche und gut beschaffene Kriegsmacht, die nach bestimmten, durchweg gleichmäßigen Grundsätzen gebildet und geleitet sein muss. Alles dieses setzt aber wiederum eine Zentralgewalt voraus und zwar mit genügender Autorität und den nötigen Hilfsmitteln, um ihre Entscheidungen wirksam zu machen. Wo sollten nun aber neben einer solchen die einzelnen Souveränitäten Platz finden, welche bereits durch Verträge garantiert waren und die niemand aufgeben oder beschränken lassen wollte? Ließ sich andererseits, wenn sie aufrechterhalten blieben, ein Gebäude aufführen, welches anders als schwach, unzusammenhängend und schon in seinen Grundfesten mangelhaft wäre? Auch die vormals reichsunmittelbaren Fürsten und Länder, welche Staaten unterworfen worden waren, die sie schon aus Anlass alter Streitigkeiten besonders hassten, erhoben ihre Stimme, um die allgemeine Gerechtigkeit, damals die Parole des Tages, anzurufen: war es gleichwohl wegen anderweitig gemachter feierlicher Versprechungen untunlich, deren Wünsche zu erfüllen, so musste man doch ihre Klagen anhören und wenigstens einzelnen wohlbegründeten Beschwerden abhelfen. Abgesehen dann von diesen Anordnungen allgemeiner Natur, war noch Verfügung zu treffen über das durch Waffengewalt den Franzosen entrissene linke Rheinufer, über die nähere Ausführung des Friedensvertrages, über das Schicksal des von seinem Landesherrn aufgegebenen Großherzogtums Frankfurt, endlich über die eingegangene Verpflichtung, uns für die weiteren Abtretungen an Österreich vollständig und zusammenhängend mit dem bestehenden Besitze zu entschädigen. Man hatte ferner geglaubt, dass gewöhnliche Mittel zur Niederwerfung Napoleons unzulänglich seien und die Völker in ihrer Gesamtheit gegen ihn bewaffnet werden müssten; zu diesem Zweck und um sie zu bestimmen, die von ihnen geforderten Opfer mit umso mehr Geduld und Selbstverleugnung zu bringen, hatte man ihnen politische und persönliche Freiheiten in Aussicht gestellt. Diese galt es nun ebenfalls mit dem monarchischen Prinzip in Übereinstimmung zu bringen, das man in Deutschland nicht zu sehr wollte schwächen lassen.

Nicht mindere Berücksichtigung als Deutschland nahm Italien in Anspruch; man wünschte eine feste Schutzwehr gegen Frankreich für die Halbinsel zu begründen, wohin die bereits erfolgte Wiedereinsetzung des Königs von Sardinien abzielte, allein derselbe bedurfte noch einer Verstärkung. Die Lombardei, nach der das savoyische Haus längst strebte, hätte dazu auf die natürlichste Weise dienen können, sie wurde jedoch, gleich dem Venezianischen, von Österreich beansprucht, welches durchaus nicht gesonnen war, von den Bestimmungen des ursprünglichen Allianzvertrages abzugehen, die ihm diesen Anspruch sicherten. Es blieb also für den bezeichneten Zweck nur das Genueser Land verfügbar, welches dem Turiner Hof bereits zugesagt, aber durch die englischen Agenten zu einem Zustand vorläufiger Unabhängigkeit gelangt war, den die Einwohner hochschätzten und höchst ungern zugunsten der ihnen von alters her verhassten Piemontesen opfern wollten. Das Königreich Neapel in den Händen Murats zu lassen, widersprach allen Grundsätzen der Legitimität; gleichwohl war ihm dasselbe durch Verträge zugesichert, welche abgeschlossen zu haben man vielleicht bedauerte, von denen man aber doch nicht offen sich loszusagen wagte. Die Herzogtümer Parma und Piacenza waren der Kaiserin Marie Louise und ihrem Sohn als Nachfolger zugesagt; allein auch hier fand sich ein rechtmäßiger Erbe in der Person des Enkels des letzten Regenten vor, der das zur Entschädigung erhaltene Toskana wieder verloren hatte, sodass seine alten Ansprüche, auf welche zu verzichten ihm niemals angesonnen war, ganz von selbst wieder auflebten; dieselben wurden von dem Madrider Hof und der ganzen bourbonischen Familie unterstützt.

Maximilian Graf von Montgelas.

***

Aus dem Sturze Napoleons hatten sich nur zwei mit ihm Emporgekommene gerettet, Bernadotte und Murat, beide durch Anschließung an die Verbündeten. Allein wie das

Beharren bei dem Feinde schon kein unnachsichtliches Vergehen mehr sein sollte, so durfte auch der Abfall von ihm nicht mehr als unbedingtes Verdienst gelten, und in Betreff Murats war die Aufrichtigkeit ohnehin zweifelhaft. Diesen Eindringling fortwährend auf dem Throne von Neapel zu sehen, war den Bourbonen unerträglich, und Talleyrand hatte förmlich darauf angetragen, das vertriebene, nur Sizilien noch beherrschende Fürstenhaus auch in Neapel wieder einzusetzen. Das Nebeneinanderstehen der beiderseitigen Abgeordneten Neapels und Siziliens auf dem Kongress war allerdings eine seltsame Erscheinung und schrie laut die Tatsache aus, dass hier ein Bruch, eine Lücke sei, wo kein Grundsatz hineinpasse. Der französische Antrag verursachte große Aufregung und fand, wie die gleichzeitigen Wünsche, dass Napoleon von Elba weg und in größere Ferne versetzt wurde, vielfache Zustimmung. Die geschlossenen Verträge jedoch waren ein starker Schutz, und Murats Bevollmächtigte, Herzog von Campochiaro und Fürst von Cariati, benahmen sich als Sieger, während die sizilianischen Abgeordneten, Herzog von Serra-Capriola und Kommandeur Ruffo das Ansehen von Unterdrückten hatten. Wie die Sachen gekommen wären, wenn Murat seinen Vorteil verstanden hätte, ist schwer zu sagen, vielleicht wäre er seinem Falle dennoch nicht entgangen, den nun freilich Unklugheit und Torheit beschleunigten. Durch die ausgesprochene Feindschaft der Bourbonen aufgereizt, im Bewusstsein der eigenen Handlungsweise, wenig durch die Verträge beruhigt, glaubte er durch eigene Kraft sich behaupten zu können, träumte die Eroberung Italiens und knüpfte heimlich auch mit Napoleon wieder Verbindungen an. Seine Rüstungen, angeblich gegen Frankreich gerichtet, aber zunächst und wesentlich Österreich angehend, konnten weder verborgen noch unbewacht bleiben.

Lange schon zogen in der Stille immer mehr österreichische Truppen nach Italien, und als späterhin auf jener Seite die Bewegung sichtbar wurde, stand auch auf dieser Seite schon ein Heer gerüstet.

Varnhagen von Ense.

***

England wünschte den Grundsatz der Abschaffung des Sklavenhandels, den es selbst nach langem Zögern und lebhaften Erörterungen angenommen hatte, allenthalben anerkannt zu sehen. Die anderen Nationen hingegen erblickten darin Gefahren für ihren Handel und die Kultur ihrer Kolonien, sie glaubten, dass freie Arbeiter die Dienstleistungen der Sklaven nicht ersetzen könnten, und befürchteten, dass England, unter dem Vorwand, die Sache der Menschlichkeit zu vertreten, ihre auswärtigen Besitzungen zu verderben und sich den Alleinhandel mit Kolonialwaren anzueignen strebe. Auch in den Beziehungen zwischen Schweden und Dänemark, Spanien und Portugal, dann Portugal und Frankreich blieb noch manches genauer zu ordnen. Ebenso wenig konnte man sich entschlagen, die Verhältnisse der Schweiz in Betracht zu ziehen und derselben eine Stellung anzuweisen, welche nicht nur ihre innere Ruhe sicherte, sondern auch den anderen Staaten Europas gegenüber den allgemeinen Interessen entsprach. Der Papst verlangte die Zurückerstattung der seit 1797 für den Heiligen Stuhl verlorengegangenen Legationen, die gleich dem übrigen Italien seit der Kapitulation von Mantua in den Händen der Österreicher sich befanden; dabei berief er sich auf das *jus postliminii*, vermöge dessen ein jeder das Verlorene wiedererlangte, und machte außerdem Rücksichten auf die Würde der Religion und auf eine vernünftige Politik geltend, welche dem

Oberhaupt der Kirche eine zur Sicherung seiner Unabhängigkeit genügende Macht gewähren müsse.

Maximilian Graf von Montgelas.

***

Der ungewisse Zustand, in dem sich ganz Europa befindet, ist für die Völker schrecklich; jede Macht hat stark mobilisiert, und die unglücklichen Bewohner werden von Steuern erdrückt; auf allen Seiten beklagt man sich, dass dieser Friedenszustand schlimmer ist als Krieg, und man hört mit Entsetzen die Leute, die Napoleon am meisten verachteten, sagen, dass man unter ihm nicht mehr litte, dass wenigstens seine Armee nicht immer in demselben Lande bliebe. Es ist Tatsache, dass Deutschland niemals so viele Ausgaben für den Unterhalt der Truppen gehabt hat, wie in diesem Augenblick.

Die österreichische Armee besteht aus 500.000 Mann, die vollen Sold bekommen. – Die russische Armee, deren größter Teil in Polen und Sachsen lebt, besteht aus 550.000 Mann. – Preußen hat 250.000 Mann unter den Waffen, Bayern 80.000 Mann, Württemberg 30.000 Mann, Baden und die anderen Fürsten im selben Verhältnis abwärts. – Die verschiedenen Armeen bilden eine Masse von 1.400.000 Mann, die Deutschland zur Last fallen. Solange die Angelegenheiten in dem Zustande bleiben, in dem sie sich jetzt befinden, werden die Fürsten, anstatt ihre Truppen zu verringern, sie vergrößern, und bei der russischen Armee ist es dasselbe; der Großherzog Konstantin ist damit beschäftigt, neue Aushebungen in Polen zu machen. Wir sind bald an dem Punkte angelangt, wo es nötig ist, dass der Krieg wieder anfängt, sagen die Deutschen, denn es ist uns unmöglich, noch länger die Unterdrückung, in der wir leben, zu ertragen; jedes Land untergräbt seinen Wohlstand und die

Finanzlage, anstatt sich seit dem Sturz Napoleons zu verbessern, verschlimmern sie sich überall.

In Österreich sinken die Papiere noch wieder um zwanzig Prozent seit dem Kongress. Welche Schmach für die Monarchen, eine so schöne Gelegenheit verdorben zu haben! Wie sind die Worte wahr: man hat Krieg geführt mit dem Menschen, aber nicht mit seinen Grundsätzen.

Jean-Gabriel Eynard.

***

Seit der Frost den Fußgängern verwehrte, in den Alleen des Praters spazieren zu gehen, versammelte man sich tagsüber auf dem Graben. Eine Menge von Neuigkeitskrämern war auf diesem öffentlichen Platze, und in Ermangelung von wirklichen Neuigkeiten unterhielt man sich von politischen Gerüchten und Hofanekdoten, welche häufig aufs merkwürdigste entstellt waren. Man lebte zu jener Zeit so wenig in seiner Wohnung, dass man am Abende zu Freunden, welche man ausgesucht hatte, sagen konnte: „Ich war auf dem Graben, habe Sie aber nicht dort getroffen, deshalb musste ich Ihnen schreiben." Der Graben war für die Fremden das, was der St.-Markus-Platz für die Venezianer. Sie brachten ihr Leben fast dort zu. Es war eine Art Klub in freier Luft: Jeder nahm dort seine Besuche an und machte seine Visiten; dort ordnete man seine Zeiteinteilung an, gab sich Rendezvous, um eine Lustpartie oder eine Gesellschaft zu verabreden. Deshalb konnte man im eigentlichsten Wortverstande sagen, dass man auf dem Graben gewöhnlich inmitten von Gruppen Müßiggänger und Debattierender lebte.

In Wien gab es noch ein anderes Arsenal von Neuigkeiten, Witzworten, Epigrammen, satirischen Bemerkungen, eine Art venezianischer Löwenrachen, jedoch ohne heimliche Denunziationen, oder noch besser, ein dem Marforio, jener römischen Statue, gleichender Ort, zu deren Füßen man sich in Kritiken über die Regierenden und Regierten erging. Es war dies der große Saal im Gasthofe zur Kaiserin von Österreich. Dort versammelten sich alle Tage zur Tischzeit alle Personen von Bedeutung, welche sich der prunkenden Etikette der Diners des österreichischen Hofes entziehen wollten. Dort versuchte man sich, an einem runden Tische Platz nehmend, nicht wie in den alten Zeiten von König Artus' Tafelrunde in Herausforderungen, sondern in Aufwand von Geist, Witz und Sarkasmen, indessen alles durch den gewähltesten Ton des Hofes und vornehmer Gesellschaft gemäßigt.

Die unaufhörlich sich neu darbietende Abwechslung verlieh diesem improvisierten Klub das lebhafteste Interesse. Unter den gewöhnlichen Gästen bemerkte man den Chevalier de los Rios[25], Ypsilanti, Tettenborn, Achill Rouen, Koreff[26], Danilewski, den Fürsten Koslowski, Gentz, den Sekretär des Kongresses, den Grafen Witt, den Dichter Carpani, Generäle, Gesandte und mitunter selbstkönigliche Hoheiten. Der Oberkammerherr Nariskin schleuderte hier seine beißenden Witzworte, und endlich sah man alles hier, was Wien an politischen, künstlerischen oder gesellschaftlichen Berühmtheiten in sich schloss.

Man konnte, was dort gesprochen wurde, die Chronik des Kongresses nennen, ja, sogar die Chronik Europas: Alles, was damal glänzte oder früher Glanz entwickelt hatte, war der Gerichtsbarkeit dieses kaustischen Wirtshausareopages verfallen.

Der Platz an diesem Tische war nicht sehr teuer, obgleich das Essen der Gesellschaft und der Unterhaltung entspre-

---

25 Spanischer Diplomat.
26 Hardenbergs Arzt.

chend war. Trotz des ungeheuren Zuflusses von Fremden nach Wien, trotz ihrem Rang und ihrem Vermögen waren die Ausgaben daselbst doch nicht übertrieben. Der holländische Dukaten galt zwölf Guldenscheine, was seinen baren Wert beinahe verdoppelte und in diesem Verhältnis das Vermögen des Fremden erhöhte. Man kann es beurteilen, wenn man bedenkt, dass diese Picknicks, bei welchen der Tisch sehr reichlich war, mehrere Sorten Wein mit eingerechnet, für die Person nicht über fünf Gulden kamen.

Graf de la Garde.

***

Als das Festkomitee in der fortwährenden Verlegenheit, stets etwas Neues bringen zu müssen, den Plan fasste, die erhabenen Gäste des Kongresses in Laxenburg zu vereinigen, kamen sie natürlich auf den Gedanken an eine Falkenjagd. Nichts konnte besser zur Umgebung des gotischen Schlosses passen und mit dem Stile, in welchem es gebaut war, harmonieren, als ein Vergnügen, das so ganz und gar an die Sitten der Feudalzeit erinnerte.

Das Rendezvous war am Ufer des Sees, nicht weit von einem sumpfigen Orte, der einer ganzen Masse von Wasservögeln zum Zufluchtsort diente. In den ersten Reihen der Jäger bemerkte man die Kaiserin von Österreich, eine sehr leidenschaftliche Jagdliebhaberin und berühmt wegen ihrer wunderbaren Geschicklichkeit; ferner die anmutige Elisabeth, Kaiserin von Russland, die Königin Karoline von Bayern, ihre Schwester, und eine Menge anderer Damen, von denen mehrere im zierlichen Kostüme des 16. Jahrhunderts. Die Souveräne waren zu Pferde und wurden vom Kaiser Franz angeführt, dessen Gastlichkeit unermüdlich ist: mitten unter ihnen saß in einer niedrigen Kalesche der umfangreiche König von Württemberg, der einst wegen seiner herrlichen Jagden berühmt und begierig war, dem ruhigen Vergnügen beizuwohnen, das nicht die Strapazen und Gefahren darbot, an welche er gewöhnt war.

Die Piköre in ihrer schönen Uniform kommen heran und halten die Hunde an der Koppel; darauf folgen die Falkner und tragen die Vögel auf der Faust, deren Augen mit einer Kappe von Leder bedeckt sind. Hinter ihnen drängt sich die ungeduldige Masse neugieriger Zuschauer.

Bei einer Stelle angelangt, wo die Binsen und das Röhricht die Oberfläche des Sees verstecken, macht man Halt: die Hunde werden entkoppelt und in den Sumpf geschickt, um das Wild aufzuscheuchen. Die Luft hallt von ihrem Gebelle wieder, und die Augen der Jäger sind alle nach dem Himmel gerichtet, um auf die Beute zu passen. Plötzlich steigt ein prächtiger, grau gefiederter Reiher aus dem Schilfe auf, erst langsam mit schwerem, abgebrochenem Fluge, dann entfaltet er seine muskulösen Flügel und hebt sich schnell in die Lüfte. Beim Anblick des Wildes, das keine leichte Jagd verspricht, vielmehr ein sehr ernsthaftes Gefecht erwarten lässt, machen die Falkner sich zurecht, ermutigen ihre Falken mit der Stimme und erwarten den Befehl der Kaiserin, um den ersten loszulassen.

Das Zeichen ist gegeben: man nimmt einem der Vögel die Kappe ab und er wird losgelassen. Zuerst scheint er von dem Glanz des Tages geblendet, dann zeigt ihm der Falkner mit dem Finger den flüchtigen Reiher. Der unerschrockene Falke schwingt seine Flügel, stößt einen Schrei aus und schwingt sich dann mit der Schnelligkeit des Blitzes auf. Der Reiher versucht erschreckt sich höher in die Wolken zu heben, aber vergeblich. Der Falke richtet mit geschickten Wendungen seinen Flug immer so ein, dass er über seiner Beute schwebt; jedes Mal, wenn sie zum Himmel aufsteigen will, zeigt er sich drohend und nötigt sie, sich nach dem Boden zu sinken zu lassen. Will sie sich von dem Orte entfernen, wo die Jäger versammelt sind, sogleich fliegt er vor sie hin und zwingt sie, die Richtung ihrer Flucht zu ändern. So neckt, ermüdet er sie, betäubt sie mit wiederholtem Flügelschlage und führt sie endlich wieder den Zuschauern zu, die alle Einzelheiten des Kampfes mit ansehen können. Endlich entschließt sich der Reiher, Widerstand zu leisten, er zeigt seinen langen wie ein Schwert geschärften Schnabel. Der Falk beginnt seinen Angriff. Nachdem er den Reiher schnell umkreist hat, steigt er zur Erde herab, hebt sich wieder in die Höhe, und plötzlich krallt er sich anklammernd in die Seite des Gegners hinein. Nun beginnt ein förmliches Gefecht, Leib an Leib, mit aller Wut und abwechselndem Glücke.

Zuerst bringt der Reiher seinem Feinde einen fürchterlichen Stoß bei und sticht ihn wie mit einem Dolche zwischen dem Halse und dem Flügel hinein. Der Falke erwidert das, indem er sich an seinem Feinde festhält und ihn mit seinem krummen Schnabel zerreißt. Der Reiher verdoppelt seine Angriffe, und da er genötigt ist, den Falken, der ihn nicht loslässt, zu tragen, indem, er gegen ihn ankämpft, so sticht er mit Erbitterung auf ihn los, ohne indessen seiner ledig werden zu können. Bald fließt das Blut in Menge und rötet das Gefieder der beiden Vögel, indessen gibt der Falte nur noch seltene und unsichere Bisse. Der Sieg scheint sich für den Gegner zu entscheiden.

Obgleich durch ihre dichten Kappen am Sehen verhindert, schwingen die Falken, welche nicht am Gefechte Anteil genommen, ihre Flügel und sträuben die Federn. Ein Pikör tritt mit einem neuen Kämpfer hervor, an dessen schön braunem Gefieder man erkennen kann, dass es ein Weibchen ist. Bei dieser Gattung von Vögeln sind die Weibchen größer, stärker, dreister als die Männchen. Sowie die Kappe abgenommen ist, steigt es mit Gedankenschnelle auf, und alle blinden Manöver verachtend, fasst es den Reiher bei dem Halse. Währenddessen ertönen die Fanfaren der Hörner, der Ruf der Jäger, das Gebell der Hunde und erfüllen die Lüfte. Vergebens sucht der Reiher sich zu wehren, der neue Feind erstickt ihn und schlägt die Klauen ihm in den Rücken, während der erste durch den Beistand seines Weibchens neu belebt seinen Angriff wieder lebhaft erneuert hat. Einige Zeit noch erschöpft sich der arme Vogel in ungewissen Wendungen; mit dem Blute seine Kraft verlierend, zieht er endlich die Schwingen ein und lässt sich zur Erde fallen. Da stoßen die beiden Falken ein Siegesgeschrei aus, hacken ihm unaufhörlich in die Augen und schleppen ihn, ohne auch nur einen Augenblick von ihm abzulassen, bis zu den Füßen der Falkner. Nach altem Jagdgebrauch tritt ein Pikör hervor und zieht aus dem Halse des Besiegten jene feinen zierlichen Federn aus, welche schon von Natur wie ein Hutstutz aussehen. Er übergibt sie dem Kaiser Alexander, der sich beeilt, der schönen Kaiserin von Österreich damit seine Huldigung zu bringen. Die Hörner blasen Siegesrufe, während die siegreichen Vögel die Beute verschlingen und man sich um die Falkner drängt, ihnen Glück zu wünschen.

Indessen war dies nur ein Vorspiel zu einer größeren Jagd, für die alle Sorge getragen ist. Aufs Neue wird ein Zeichen gegeben, der ganze Haufen der Jäger und Zuschauer strömt nun nach einem anderen Teile des Parks. Auf einem breiten, von Gehölze umgebenen Rasenplatze ist ein großer für das Schießen eingerichteter Platz. Dahinter erhebt sich ein kreisförmiges Amphitheater, das die vom Hofe eingeladenen Zuschauer fassen soll. Die Souveräne und hohen Personen, denen die Ehre des Jagens selbst vorbehalten ist, stellen sich in gewissen Zwischenräumen auf: Jeder von ihnen hat vier Pagen zur Begleitung, die ihm die Gewehre laden, um den erhabenen Jägern selbst den Anschein einer Ermüdung zu ersparen. Neben den Pagen stehen noch mit

Lanzen bewaffnete Piköre zur Abwendung jeder etwa zu erwartenden Gefahr.

Das allgemeine Treiben hatte schon seit gestern stattgefunden, auf Befehl der Kaiserin nähern die Treiber sich alle auf einmal, und sogleich sieht man aus allen Ausgängen des Gehölzes eine unzählige Masse von wilden Schweinen, Hirschen, Hasen und Wildbret aller Art hervorbrechen, das dann in wenigen Augenblicken durch die Kugeln der hohen Herrschaften unter großem Beifall der Zuschauer niedergeschossen wird.

Meine Freunde und ich waren in geringer Entfernung von der Kaiserin von Österreich, welche mit einer bloß mit einer Kugel geladenen Flinte schoss, sich stets Hasen oder kleineres Wild zum Ziele wählte und fast niemals es fehlte.

Dies Lauffeuer oder vielmehr dies Blutbad hörte nicht eher auf, als bis die Anzahl der getöteten Tiere auf mehrere tausend sich belief. Von neuem hallte der Wald von den Fanfaren der Hörner, gemischt mit den Stimmen der Treiber und dem Gebell der Hunde wieder. Die Erde war mit Wild bedeckt, das Blut floss in Strömen. In der Tat, wenn man den edlen Kampf dagegen betrachtete, von dem wir vorhin Zeugen gewesen waren, musste man sagen, dass unserer Väter Belustigungen doch den unsrigen überlegen gewesen.

Als die Jagd gerade beendet war, wurde es eben Abend. Plötzlich wurden wie durch Zauber der Rasenplatz und die Alleen des Parkes durch Feuerbecken erleuchtet, die man in der Türkei Machala nennt, und die ihren Schein weit um sich werfen. In demselben Augenblick sah man alle Zimmer der Ritterburg erleuchtet zum Empfang der erhabenen Gäste, die sich dort vereinigen sollten. Gewiss, als Kaiser Franz das Schloss so aufbauen ließ, dass es genau an die feudalistischen Ideen erinnerte, wer hätte damals voraussehen können, dass einst eine solche lange Reihe berühmter

Namen, von Kaisern herunter bis zu einfachen Edelleuten, sich an einem einzigen Tage hier zusammendrängen sollten? Obgleich bloß die mit einer Einladungskarte versehenen Personen in der Laxenburg zugelassen wurden, so war ihre Anzahl doch so groß, dass man kaum von einem Saale in den anderen gehen konnte. Diese bewegte Menge und der verschwenderische Glanz der Lichter bildeten den sonderbarsten, wunderlichsten Kontrast mit den düsteren Hallen, den Waffentrophäen, den Kleidungsstücken und den Verzierungen im mittelalterlichen Stile. – Die vom österreichischen Hofe vorbereitete Schlittenpartie war lange durch unglückliche Zufälle gehindert. Mehrmals angesagt, hatte man sie doch infolge des Wechsels der Witterung immer verschieben müssen. Eines Tages schien die Kälte die für dieses nordische Vergnügen notwendige harte und ebene Fläche zu versprechen; aber das Tauwetter kam dazu und erweichte die über die Erde ausgebreitete Eisdecke. Endlich trat ein scharfer Frost ein, nachdem es stark geschneit hatte. Die kaiserliche Spazierfahrt wurde aufs Neue mit Pomp angekündigt. Schon am frühen Morgen drängte sich ein dichter Haufen auf dem Josephsplatze, wo die Schlitten versammelt waren. Fast alle waren neu gebaut; die für die Kaiser und Monarchen bestimmten hatten die Form einer Kalesche und waren mit allem, was Geschmack und Reichtum vereinigt des Prächtigsten zu erschaffen vermochten, geschmückt; sie strahlten in lebhaften, durch Gold erhöhten Farben; die Polsterkissen von smaragdgrünem Samt waren mit Besatz und Fransen vom nämlichen Metall eingefasst. Das Geschirr, mit den Wappen des kaiserlichen Hauses geziert, war mit silbernen Glocken behängt.

Die für die hohen Beisitzer des Kongresses und den österreichischen Adel bereiteten Schlitten wichen denen der Monarchen weder an Zierlichkeit noch an Reichtum. Man sah hier Seide, Samt und Gold glänzen. Alle wurden endlich von Rassepferden gezogen, die mit Tigerfellen und reichem Pelzwerk bedeckt und deren geflochtene Mähnen mit Bändern und Schleifen geziert waren. Ihr Feuer, durch das Schellengeläute noch mehr entflammt, konnte kaum gedämpft werden: mit solcher Ungeduld schienen sie den Augenblick zu erwarten, wo sie mit diesen leichten Fahrzeugen das Weite suchen dürften. Inzwischen hatten sich die zur Fahrt Eingeladenen in den Salons des kaiserlichen Palastes versammelt, um hier das Zeichen zur Abfahrt zu erwarten. Letzteres wird um zwei Uhr gegeben. Die erlauchte Gesellschaft tritt heraus und wählt ihre Plätze, die Monarchen, je nach ihren Vorsitzen, die übrigen aber nach dem Range, den ihnen der Zufall anweist. Jeder Kavalier empfängt eine Dame, die das Schicksal ihm als Gefährtin auf der Fahrt bezeichnet. Die Trompeter blasen eine Fanfare, und der Zug setzt sich in Bewegung. Ein Kavalleriedetachement, welchem die Sergeanten und Furiere des Hofes voranreiten, bildet den Vortrab. Die Pferde desselben sind mit reichen Decken behängt. Ihnen folgt ein ungeheurer, von sechs Pferden gezogener Schlitten, in welchem sich ein Orchester von Trompetern und Paukenschlägern befindet. Der Oberstallmeister Trautmannsdorf folgt mit seinen Reitern; unmittelbar darauf kommen die Schlitten der Monarchen. Der erste ist der des Kaisers von Österreich, welcher die liebenswürdige Elisabeth, Kaiserin von Russland, führt; im zweiten führt Kaiser Alexander die Prinzessin Auersperg; dann kommen der König von Preußen mit der Gräfin Julie Zichy, der König von Dänemark mit der Großherzogin von Sachsen-Weimar, und der Großherzog von Baden mit der Obersthofmeisterin Gräfin Lazanzky. Vierundzwanzig junge Pagen, reichgekleidet im Kostüm des Mittelalters, und eine Schwadron der ungarischen Nobelgarde dienten den Schlitten der Monarchen zur Begleitung.

Die Kaiserin von Russland ist in einen weiten, grünseidenen und mit Hermelin verbrämten Pelzmantel gehüllt; ihr Kopfputz besteht aus einer Mütze von derselben Farbe und ist mit einem in Diamanten gefassten Federbusche geschmückt, wie ihn gewöhnlich die große Katharina trug. Die anderen Damen sind vor der Kälte ebenfalls durch samtene Pelzmäntel geschützt, an denen das Auge die reichsten Farben gewahrt; derjenige der Großherzogin von Weimar ist rosenfarben und ebenfalls mit Hermelin besetzt, einem Pelzwerk, welches in Österreich nur Personen von kaiserlichem Geblüte zu tragen gestattet ist. Andere Farben, wie Purpur, Amarant, werden durch das seltenste und zierlichste Pelzwerk hervorgehoben. Darauf folgen die übrigen Schlitten, etwa dreißig an der Zahl, mit den Notabilitäten des Hofes und den vornehmsten Gästen, die er vergnügen will. Solange der Zug sich in der Stadt befindet, geht es nur im Schritt. Die aufmerksame Menge kann die Hoheiten im Vorbeifahren erkennen und grüßen, welche einen Augenblick später im Fluge davonfahren werden. Der Erzherzog Palatinus fährt die Großherzogin von Oldenburg; diese ist in einen blauen Mantel gehüllt, dessen zarte Abschattung so wohl zu ihrem reizenden Gesichte steht. Hinter ihm fährt der Kronprinz von Württemberg die Fürstin von Liechtenstein. Ungeachtet der Schönheit seiner Gefährtin weilt sein Auge beständig auf dem Schlitten, in welchem sich diejenige, die er verehrt, befindet; er scheint sich über sein Schicksal zu beklagen, welches ihn nur halb begünstigt hat. Dem Prinzen Wilhelm von Preußen hat der Zufall unsere bezaubernde „Königin", die Gräfin Fuchs, beigesellt, dem Prinzen Leopold von Sizilien die Gräfin Mniszeck-Lubomirska, dem Prinzen Eugen Gräfin Apponyi, dem Kronprinzen von Bayern die Gräfin Sophie Zichy, dem Erzherzog Karl die Gräfin Esterhazy, dem Prinzen August von Preußen die

Gräfin Batthyani, dem Grafen Franz Zichy Mylady Castlereagh, dem Grafen von Wrbna die Gräfin Walluzew, dem Herzog von Sachsen-Koburg die schöne Rosalie Rzewuska. Die Toiletten all dieser Damen glänzen durch Reichtum und Eleganz; die Herren tragen insgesamt mit kostbarem Pelzwerk besetzte polnische Röcke.

Darauf folgte eine Schwadron Reiter in der kaiserlichen Uniform, und endlich schließt sich der Zug mit einigen Reserveequipagen und einem zweiten großen, sechsspännigen Schlitten mit einem Orchester von türkisch gekleideten Musizis, welche kriegerische Tonstücke ausführen. Nachdem sich der Zug langsam durch die vornehmsten Straßen und Plätze Wiens bewegt hat, teilt er sich in zwei Reihen; die Pferde, ihrer Ungeduld überlassen, eilen im Galopp des Weges nach Schönbrunn.

Die Kaiserin von Österreich, der König und die Königin von Bayern, sowie mehrere Prinzessinnen, die ihrer schwachen Gesundheit halber den scharfen Frost fürchteten, hatten sich zu Wagen nach dem Schloss Schönbrunn begeben. Hier war ein prächtiges Fest vorbereitet, zu welchem eine große Anzahl von Einladungen ergangen war. Die Rückkehr sollte erst während der Nacht beim Scheine der Fackeln stattfinden. Nach dem Bankett, zu welchem alle diejenigen dringend eingeladen waren, welche die Ehre der Schlittenpartie geteilt hatten, mussten die Schauspieler des Stadttheaters eines der niedlichsten Stücke der französischen Bühne, „La Cendrillon", von Etienne, ins Deutsche übersetzt, aufführen. Ein großer Ball sollte diesem Schauspiele folgen. Wir, der Fürst Koslowski, der Graf von Witt und ich, begaben uns frühzeitig nach Schönbrunn.

Als die Schlitten angelangt waren, stellten sie sich im Kreise um den gefrorenen Teich zu Schönbrunn auf, welcher, glatt wie ein Spiegel, mit Schlittschuhläufern in den elegantesten Kostümen der verschiedenen Länder des Nordens bedeckt war. Dieses flüchtige Völkchen führte allerlei Wendungen mit einer Kunst aus, die besonders auf Gewandtheit und Grazie beruhte.

Die einen, kräftig dahingleitend, gaben ihren Körpern die verschiedensten Stellungen. Die anderen hatten sich vor Schlitten à la Panurge, vor Schwäne mit versilberten Flügeln oder leichte Gondeln gespannt, durchliefen auf diese Weise große Strecken und zogen mit der Schnelle des Blicks Schwärme von weiblichen Schönheiten sich nach, welche zu diesem munteren winterlichen Rendezvous herbeigeeilt waren. Hier und da breiteten sich zierliche Zelte aus, die in den buntscheckigsten Farben prangten. Gruppen wandernder Kaufleute, welche auf ihren Schlittschuhen, wie auf einer holländischen Kermesse, dahinglitten, boten den atemlosen Debütanten stärkende Getränke.

Die Bewegung erzeugte überall hundertfaches Leben; ein originelles, unaufhörlich wechselndes Gemälde, welches der seltsame Rahmen noch verschönte. Diesen bildeten die Schlitten, die zahlreiche Dienerschaft zu Fuß und zu Pferde, sowie endlich die ganze Bedeckung, welche nur mit Mühe den Haufen der Neugierigen zurückhielt, die, um sich an dieser neuen Art von Lustbarkeit zu ergötzen, aus der Nachbarschaft und aus Wien herbeigelaufen waren.

Von dem Schauspielsaal will ich nichts sagen, als dass er wie gewöhnlich einen glänzenden Anblick gewährte. Aber die Pracht in den Salons war wirklich bezaubernd. Die seltensten Pflanzen aus den kaiserlichen Gewächshäusern, Myrten, in Blüten prangende Orangenbäume bedeckten die Treppen, die Bogengänge, die Tanzsäle. Noch reizender wurde diese Ausschmückung durch den Gegensatz, welchen sie mit dem draußen herrschenden scharfen

Frostwetter bildete. Nach der Vorstellung des „Aschenbrödel", welcher man einige graziöse Balletts beigefügt hatte, drängte sich die Menge in die Säle, wo uns der Duft und die Mannigfaltigkeit der Blumen die schönsten Tage des Jahres vergegenwärtigten.

Graf de la Garde.

***

Während so das Schloss von Schönbrunn ein Zeuge taumelnder Vergnügungen war, – wie fühlten sich wohl diejenigen, denen dieser schöne Ort nur zum Gefängnis diente? Jede Berührung mit den frohen Gästen des Kongresses vermeidend, hatten Maria Luise und ihr Sohn es vorgezogen, sich von einer Vergnügungspartie, welche in ihnen nur schmerzliche Erinnerungen hervorrufen konnte, zu entfernen. Schon am Morgen hatten sich beide in Schlitten nach Baden in das lachende Tal von St. Helena begeben, wo sich ein niedlicher Pavillon erhebt. Dort brachte die frühere Kaiserin den Tag zu, gab ihrem kleinen Hofe ein Diner und kehrte erst abends nach Schönbrunn zurück. Sogleich zog sie sich in ihre Gemächer zurück und erfuhr somit vom ganzen Feste nichts. Auffallende Gleichheit der Namen zwischen dem Tale St. Helena, wo Maria Luise ihren Schmerz zu verbergen suchte, und jener berühmten, ebenfalls St. Helena genannten Insel, wo ihr Gemahl einige Monate später seinen Ruhm und sein Missgeschick begrub!

Ihr Sohn war wirklich das schönste Kind, das man sehen kann. Seine Ähnlichkeit mit der Großmutter, Maria Theresia, war erstaunlich; der engelgleiche Schnitt seines Gesichtes, die blendende Weiße seiner Hautfarbe, das Feuer seiner Augen, die schönen, blonden Haare, welche in dichten Locken auf seine Schultern fielen, boten dem

Pinsel Isabeys das anmutigste Vorbild dar; er war in eine reichgestickte Husarenuniform gekleidet und trug auf seinem Dolman den Stern der Ehrenlegion.

Graf de la Garde.

***

Lady Clair, die Witwe des Kanzlers von Irland, ist in Schönbrunn gewesen; sie hat gebeten, den Sohn Napoleons sehen zu dürfen; Mme. Brignole hat sie vorgestellt. Lady Clair hat den Kleinen außergewöhnlich reizend gefunden und gefragt, ob sie ihn umarmen dürfe. Mme. Brignole hat mit „nein" geantwortet, aber sie könne ihm die Hand küssen; das kleine Kerlchen hörte dies und, ganz aus sich selbst, mit sehr entschlossener Miene, hat er seine Hand der Lady Clair hingereicht, die sie auch küsste; sie selbst hat diese kleine Impertinenz von Herrn Napoleon *junior* wiedererzählt.

Mr. de Carro erzählte uns, dass Maria Luise von dem Wiener Volke verachtet würde. Als sie von Frankreich zurückkam, wurde sie sehr gut aufgenommen, aber anstatt dafür erkenntlich zu scheinen, zeigte sie den Wienern nur Hochmut und Verachtung; man wirft ihr vor, nur die Franzosen zu lieben und für sie eine ausgesprochene Neigung zu haben. Sie schickt allen französischen Verwundeten, die in Wien geblieben waren, Geld, und es genügt, wenn man in Schönbrunn auf Französisch um Unterstützung bittet, um sicherzugehen, dass man von Maria Luise Hilfe jeder Art erhält. „Im Gegensatz hierzu", sagt Mr. de Carro, „empfangen die deutschen Armen nichts von ihr."

Jean-Gabriel Eynard.

***

Februar 1815.

Werfe ich noch zum Abschied einen Blick auf die Phantasten und Beutelschneider des Kongresses, so gehört zu denselben, außer denen, die sich jeder selbst vor Augen stellen wird und kann, Friedrich Schlegel und Werner.

Schon seit Jahren von Berlin nach Wien versetzt, hat Friedrich Schlegel eine Anstellung in der Staatskanzlei gefunden und ist nun ein Abtrünniger von seinem Glauben und seiner ehemaligen Lehre. Er verdient den Schimpf eines Apostaten, denn es ist nicht Überzeugung, was ihn zum Katholiken gemacht, vielleicht höchstens geistige Schwelgerei, bei der er jedoch in keiner Beziehung der weltlichen entsagt. Er hat sich den Katholizismus auf eigene Art zurechtgemacht, bis auf die äußeren Formen, indem der heilige Mann ganz freigeisterisch sagt, kriechen tue ihm weh. Neben der Orthodoxie des christlichen Glaubens hat er auch eine große politische, die er ausspricht. Neulich sagte er: „Friedrich II. hätte müssen den Kopf verlieren, denn er war ja in der Acht." Darauf hat ihm eine Dame geantwortet: „Nehmen Sie sich besser mit Ihren Reden in Acht, sonst gibt darauf kein Mensch mehr Acht, und das bringt Sie in die Acht." Ebenso gleisnerisch beschränkt sind auch seine Vorlesungen jetzt über Geschichte und Kunst, in denen er sich so widerspricht, dass er über Goethe den kleinen Kollin setzt, nicht einmal den Tragiker, sondern den Dichterling.

Schlegels Frau, die Tochter von Moses Mendelssohn, ist auch katholisch geworden und mit Andacht und Ergebenheit bigott; sie meint es redlich, läuft in alle Frühmessen und ist in der Heiligkeit ihres lügenhaften, phantastischen Mannes befangen.

Werner, der Verfasser der Weihe der Kraft, dieser antikatholische Dichter, erscheint hier auf einmal als Geistlicher auf allen Kanzeln und predigt den katholischen Glauben. Er tobt wie ein Narr, spricht populär wie ein Fiaker und freut sich, einen Ort gefunden zu haben, wo ihm niemand widersprechen darf. Ein Ärgernis der katholischen Geistlichkeit, wird er durch den Erzbischof und Fürsten Metternich aufrechterhalten, mag es aber sonst wohl, wie ein Schwärmer, ganz redlich meinen. Lebt übrigens auch still und ohn' Ärgernis wie ein guter Pfaffe. Eine unglückliche Liebe hat den Werner zum Narren gemacht.

Graf Karl von Nostitz.

***

Auch an kirchlich-religiösem Schauspiel sollte es dem Kongresse nicht fehlen. Zwar Frau von Krüdener, welche vor anderen Personen berufen schien, die vornehme Welt von dieser Seite anzusprechen, auch bereits mit dem Kaiser Alexander in vertrautem Verkehr stand und bald in hohe und folgenreiche Wirksamkeit trat, war nicht nach Wien gekommen und hätte auch unter den vorherrschend katholischen Einflüssen des Ortes mit ihrer protestantischen Mystik schwerlich viel Glück gemacht. Dafür hatte Zacharias Werner sich eingefunden, der königsbergische Preuße, Verfasser der Söhne des Tals, der Weihe der Kraft und anderer Theaterstücke, der seinen lange versteckten Sinn endlich offen bekannt hatte, katholisch und bald auch Priester geworden war. Noch im vorigen Jahre hatte er in einem halb faselnden, halb trunkenen Gedicht „Die Weihe der Unkraft" den Sieg der Verbündeten besungen, und in seiner Weise, die alles durcheinander mischte, die protestantische Königin Luise von Preußen als eine der Heiligen mit aufgeführt, deren Wirken im Himmel das irdische Siegeswerk mit vollbracht. Seine nunmehrigen Glaubensgenossen achteten solcher Absprünge eines verwilderten Gehirns nicht, und niemand mochte die poetische Lizenz rügen, mit der die dogmatische Unterscheidung einen Augenblick der praktischen Verbündung hier zum Opfer gebracht wurde. Allein seit Jahresfrist waren alle bis dahin unbestimmt ineinander fließenden Meinungen und Denkarten zur Entwicklung vorgeschritten und hatten sich gesondert und befestigt. So war denn auch Werner seitdem schon ein ganz anderer Katholik geworden und jetzt der erste, solche poetische Milde, welche den Nichtkatholiken den katholischen Himmel öffnet und sie dort sogar mit dem Heiligenschein schmückt, als eine sündhafte Verirrung zu verwerfen. Er drang auf strenges Bekenntnis zur katholischen Kirche, auf unbedingte Unterwerfung unter den Papst und hätte sich um keinen Preis mehr erdreistet, Irrgläubigen einen Teil an der Seligkeit zuzusprechen. In den Fasten trat er als Prediger auf, und der heftige Eifer, mit dem er die Sünder zur Bekehrung rief, sein bekannter Name und Lebenslauf, wie sein wunderliches Wesen überhaupt, das den Zuhörern mit dem geistlichen Ertrag auch reichlichst weltliche Unterhaltung versprach, zogen bald die ganze vornehme Welt zu seiner Kirche hin. Mehr noch, als je vorher im Schauspiel- und Gesellschaftswesen, entfaltete er seine Fratzenhaftigkeit jetzt auf der Kanzel. Ein zweiter Abraham von Sancta Clara, hatte er bald gefühlt, was alles ein eifernder Prediger sich erlauben, was alles seine Dreistigkeit antasten, seine Willkür herbeiziehen dürfe. Recht mit Lust besprach er seine eigenen, persönlichen Angelegenheiten, seine Sündhaftigkeit, seine Bekehrung und Buße, und indem er den anderen die Hölle heiß machte, schwelgte seine Eitelkeit in doppelter Selbstbespiegelung, der ehemaligen Weltlust und der jetzigen Auserwählung. Er machte reine Theaterstreiche, nicht nur ärgerliche, sondern oft geradezu unanständige. Er gefiel sich in dem Wagnis, die Zuhörer durch zweideutige Ausdrücke aufzuregen, in Unruhe, Scham und Angst zu versetzen, ja, diese bis zum Gipfel des Schreckens zu steigern, wo man ungewiss wurde, ob nicht Wahnsinn die Kanzel entweihen werde – und dann plötzlich ließ er von dieser Spitze seinen Vortrag in das gewöhnliche Geleise hinabstürzen, wo sich alles in zulässiger Weise ruhig verlief. Wer von der Predigt Kenntnis hat, wo Zacharias Werner von dem allersündlichsten und ärgerlichsten Teile des menschlichen Körpers redet, die Eigenheiten und Unarten angibt, durch die er sich bemerkbar macht, endlich, nach der absichtlich beunruhigendsten Aufzählung derselben, mit unerhörter Dreistigkeit fragt, ob er ihn noch erst nennen oder gar ihn zeigen solle? – wobei unter den Zuhörern eine Mutter ihren beiden Töchtern angstvoll zuflüsterte: „Seht nicht hin, seht nicht hin!" – darauf aber ausruft: „Die Zunge ist es!" – der hat das sprechendste Beispiel, auf wie ärgerliche Weise dieser Schäker Schimpf und Spott mit seinen Zuhörern trieb. Freilich kannte er seine Leute! Die vornehme Welt, Wiener und Fremde, waren entzückt, auch in der Kirche solchen Hautgout und das Heilige mit solchem Sinnenkitzel verquickt zu finden.

Varnhagen von Ense.

Dieser Teil der (Deutschland betreffenden) Aufgabe des Kongresses (die innere Gestaltung) bot noch mehr Schwierigkeiten dar als der eben behandelte, denn fast jedermann hatte sich bereits damit befasst, und Absichten, Pläne und Vorurteile durchkreuzten sich dabei in der verschiedenartigsten Weise. Ich habe schon früher Gelegenheit gehabt, von der alten deutschen Reichsverfassung zu sprechen und deren Gebrechen hervorzuheben: sie bestanden im Wesentlichen in dem unvermeidlichen Mangel an Zusammenhang zwischen einer Menge an Umfang, politischer Stellung, Interessen und Bestrebungen höchst verschiedener Staaten, welche scheinbar einem Oberhaupt ohne wahre Macht und einer lediglich von ihrem Willen abhängigen Verbindung untergehen, in Wahrheit aber unabhängig waren; ferner in einer schlechten, unvollständigen und unzusammenhängenden Gesetzgebung, die die wichtigsten Fragen unentschieden ließ; endlich in der Beibehaltung monarchischer Formen neben einer auf bloßer Vereinbarung ruhenden Organisation. Gleichwohl hatte in den letzten Zeiten die Hausmacht des Kaisers diesen Mängeln zu einem kleinen Teil abgeholfen: sie ersetzte mitunter tatsächlich und durch Einwirkung auf die öffentliche Meinung, was ihr an streng gesetzlicher Begründung abging, und gewährte den schwachen Ständen Schutz gegen die Raublust der mächtigeren; auch die Entscheidungen der Reichsgerichte erlangten ein gewisses Ansehen und konnten hier und da vollzogen werden. Alle diejenigen nun, welche sich bei dieser Ordnung der Dinge wohl befunden hatten, welche dabei mancherlei Vorrechte genossen und als zu machtlos, um dem Ehrgeiz zugänglich zu sein, nur die Erhaltung des Bestehenden angestrebt hatten, wünschten nunmehr auch dessen Wiederherstellung und mussten sie wünschen. Zu diesen gehörten vornehmlich einzelne, wie durch ein Wunder der Mediatisation entronnene fürstliche Häuser, dann die ehemals unmittelbare Reichsritterschaft, nicht minder jene Fürsten und Grafen, welche der Rheinbund ihrer Selbständigkeit beraubt und Regenten unterworfen hatte, die die meisten aus ihnen nur als ihresgleichen ansahen. Diese traten miteinander in Verbindung, schossen Geldmittel zusammen und entsendeten Deputationen, um die Wiedereinsetzung in ihre früheren Rechte zu betreiben, welche auf langjährigen Besitzstand wie auf klare Gesetzesvorschriften begründet gewesen und nur durch die Gewalt ihnen entrissen worden seien. Diese schreiende Ungerechtigkeit sollte, nach Antrag ihrer Vertreter, mit dem Despotismus, der sie veranlasste, beseitigt werden; in demselben Augenblick, wo das deutsche Volk, nach Abschüttelung des einige Jahre lang durch fremden Ehrgeiz ihm auferlegten schmählichen Joches, sich selbst wiedergegeben war, sollte auch der rechtlose Zustand aufhören, in dem sie unschuldigerweise sich befanden, und nach dem alten Vorurteil, welches die Freiheit Deutschlands in der Unabhängigkeit aller einzelnen Reichsstände zu erblicken glaubte, hielten sie alles für wohlgeordnet, sobald ihre vor den letzten Kriegsunruhen innegehabte Stellung wieder gesichert wäre. Neben dieser Partei bestand noch eine andere, welche sie unterstützte, um aus ihren Hilfsmitteln Nutzen zu ziehen und unter ihrem Schutze die Landesherren anzugreifen, aber keineswegs ernstlich wünschte, sie obsiegen zu sehen. Diese zweite Partei bestand aus den schon öfters erwähnten geheimen Gesellschaften, aus manchen überspannten oder ehrgeizigen Offizieren, endlich aus sämtlichen Gelehrten und Professoren von Ruf mit wenigen Ausnahmen. Sie wirkte mit Eifer auf die jungen Leute an den Universitäten und manchen anderen Lehranstalten und hatte den allgemeinen Enthusiasmus, welcher sich in Preußen bei denselben kundgab, hervorgerufen, ebenso manche vereinzelte Aufregung ähnlicher Art in Sachsen und am Rhein.

Die deutsche Nation hatte nach ihrer Ansicht zu den Waffen gegriffen, um die Fürsten ihrer schmachvollen Abhängigkeit vom Auslande zu entreißen, und den Anstrengungen derselben war das Gelingen dieses hochherzigen Unternehmens zu verdanken. Dadurch hatte sie ein geheiligtes Recht auf die Dankbarkeit der Regenten sich erworben, welches noch durch bestimmte Zusagen mehrerer Höfe, namentlich des Berliner, bekräftigt erschien. Als das höchste von einem Volk zu erstrebende Gut stellte sich nun aber die bürgerliche und politische Freiheit dar, verbunden mit der erforderlichen Macht und Unabhängigkeit, um deren Genuss zu sichern. In ersterer Beziehung sollte eine für jeden Staat zweckmäßig bestellte Volksvertretung zum Ziel führen, welcher die Teilnahme an der Gesetzgebung und Besteuerung sowie eine den strengen Vollzug der Gesetze überwachende Aufsicht auf die Regierungsorgane zustünde. Dem zweiten Hauptzweck sollte die Schaffung einer umfassenden Zentralgewalt dienen, bestimmt, die Nation in ihren Beziehungen zum Ausland zu vertreten, deren Würde und Ansehen durch zweckmäßige Verwendung der militärischen Kräfte zu wahren, Gehorsam gegen die allgemeinen Bundesgesetze zu erzwingen und die Schwachen gegen den Druck der Übermacht zu schützen. Bei den unendlichen Schwierigkeiten, welche diesen Absichten entgegentraten, musste zu deren Verwirklichung alles aufgeboten werden. Insbesondere erforderte die Herstellung der gewünschten Einheit eine so ausgebildete Organisation des Bundes, dass sie zu einer für ganz Deutschland gemeinsamen Verfassung sich gestaltete, dazu waren aber sowohl bestimmt abgefasste Gesetze unerlässlich, als auch eine Zentralgewalt von hinreichender Macht, um deren Vollzug zu sichern. Man war deshalb auf den Gedanken eines einheitlichen Oberhauptes und provinzieller Vertretungen mit ausgedehnten Befugnissen für die einzelnen Staaten gekommen, wobei außerdem die Zentralgewalt durch einen allgemeinen Landtag unter Vorsitz und Leitung des Oberhauptes gehandhabt werden sollte, dessen erste Kammer aus den Landesherren und Fürsten, die zweite aus Abgeordneten der Provinzialstände gebildet wäre. Dabei hätten die einzelnen Souveräne zwar den Genuss ihrer Domänen wie die Vertretung und Verwaltung ihrer Staaten beibehalten, auf die gesetzgebende und namentlich Militärgewalt aber verzichten müssen. Ein so kühner Plan war jedoch leichter zu fassen, als in Ausführung zu bringen; denn wie sollte man zunächst die Fürsten dazu bestimmen, sich ihrer Befugnisse so weit zu entäußern?

Anfänglich wurde die Lösung dieser Aufgabe ziemlich leicht genommen. Fast alle Staaten, um die es sich dabei handelte, hatten dem Rheinbunde angehört; die siegreichen Alliierten sollten also deren Verwaltung vorläufig auf sich nehmen und sie seinerzeit den Landesherren nur unter solchen Bedingungen zurückstellen, welche die zur Ausführung des entworfenen Planes nötigen Einschränkungen sichern würden. Die Sache gestaltete sich jedoch verwickelter, als die Großmächte nach und nach durch rechtsbeständige Verträge die Unabhängigkeit und volle Souveränität fast aller Staaten von einiger Bedeutung anerkannt und nur einzelnen besondere Lasten samt der Verbindlichkeit auferlegt hatten, alle notwendig oder zweckmäßig befundenen Gebietsabtretungen sich gefallen zu lassen. Zu diesem ersten Übelstand im Sinne der fraglichen Partei gesellte sich bald noch ein zweiter, indem festgesetzt wurde, dass Deutschland aus freien, selbständigen, nur in einem Bundesverhältnis stehenden Staaten gebildet werden solle. Wohl war die Frage aufgeworfen worden, ob allenfalls, wie schon im Jahre 1806 vorübergehend beabsichtigt, zwei Verbände für den Norden und Süden zu schaffen seien. Desgleichen, ob ein an Würde hervorragendes und mit dem Vollzug der Gesetze betrautes Oberhaupt eingesetzt, also mit einem Worte der Titel und die einigermaßen abgeänderte Verfassung des alten deutschen Reiches wiederhergestellt werden solle. Diese Fragen waren gelegentlich der Unterhandlungen, welche dem Pariser Frieden vorausgingen, lebhaft erörtert worden: England zeigte sich ihrer Bejahung sehr geneigt, während Frankreich kaum derselben Ansicht sein konnte. Schließlich aber blieb festgesetzt, dass nur ein deutscher Bund bestehen solle, da ohnehin jeder Gedanke an ein Wiederaufleben der kaiserlichen Gewalt an dem bestimmten Widerspruch Österreichs scheitern musste. An diesem Beschluss vermochten auch zwei Noten, welche nach der Kongresseröffnung am 16. November 1814 eine so betitelte Vereinigung souveräner Fürsten und freier Städte den Ministern von Österreich, Preußen und Hannover überreichte, nichts mehr zu ändern.

Damit war nun allerdings die Hauptfrage entschieden, indem feststand, dass weder von einem deutschen Reich noch deutschen Kaiser künftighin die Rede sein könne; allein die Partei, von der wir reden, hielt sich damit noch keineswegs für besiegt. Es harrten vielerlei weitere Fragen der Erledigung, und sie gab die Hoffnung nicht auf, dieselbe in einem ihren Absichten günstigen Sinne herbeizuführen, welche hauptsächlich dahin zielten, das Ansehen der Fürsten zu verringern und eine Zentralgewalt für Deutschland zu schaffen.

Maximilian Graf von Montgelas.

***

Das Sträuben unseres Hofes, die erbliche Kaiserkrone anzunehmen! Wird es besser sein, wenn Preußen oder Bayern sie erhält? Wer gibt dann Schutz den kleineren Fürsten gegen die Übermacht und Anmaßung der gierigen größeren, wohin gerät die deutsche Nation, wer bändigt den überall sich regenden Gärungsstoff der Völker? Viel ist in Paris versäumt worden; Preußen zielt nach Norddeutschland, England will als König in Hannover vergrößert sein, darum nachgiebig gegen Preußen und Russland, wo doch eine feste Sprache seinerseits retten könnte. Wir in einer Verlegenheit nach der anderen, stets beschäftigt, die gegenwärtige mit Palliativmitteln zu entfernen. Was soll da Großes entstehen? Indes sehe ich leider Kleinmut bei den Guten, Mut bei den Schlechten. Der Kongress in Wien war ein Missgriff; man lernt uns und unser Inneres kennen, und mit diesem sinkt das Vertrauen, weil unsere Schwächen oft zu grell sind.

Hier kann nur festes Zusammenhalten retten, zunächst Russland Einhalt tun, dann Preußen annehmen und sich mit ihm vereinigen; endlich gut mit Bayern sein, ohne zu vergessen, was es stets für Österreich und Deutschland war, ohne zu vergessen, welche Verderbtheit in der Klasse der Beamten von Montgelas bis zu dem letzten herrscht; es ist Gallizismus.

Nicht Preußen, aber auch nicht Bayern, erhalten die Grenzfeste Deutschlands, Mainz, Reichsstadt sei sie, Handelsstadt, Universität und Feste; gemischte Besatzung, sodass aber Österreicher und Preußen den übrigen überlegen; nur keinem einzelnen den einzigen Schlüssel Deutschlands auf dieser Seite.

Ich fühle manches Missvergnügen über die Länderteilung. Österreich hat viel und leider zu seinem Unglück in Italien erhalten. Nie wäre ich über den Po und die Chiese mit den Grenzen gegangen. Die Lombardei usw. hätte ich dem Könige von Sardinien als König der Lombarden gegeben, weil nützlich, da einen mächtigen Fürsten, so wie im Norden Holland, zu haben. Österreich hätte also Italien bis an den Po und die Chiese erhalten, Tirol, Vorarlberg, den Inn, Passau, die alten Kreise von Ostgalizien, die Salinen und Krakau, dann den Dnjester bis an das Meer und die Donau mit Belgrad; so wäre Russland von der Türkei getrennt. Wir hätten die Schifffahrt auf der Donau und die Mündung, dann Illyrien, Dalmatien, Albanien und die sieben Inseln. Mehr ist Überschuss und schadet mehr; Preußen bis an die Elbe, Sachsen erhalten, Bayern die Pfalz.

Die anderen Staaten, wie sie sind, die Fürsten alle und die Ritterschaft und mehrere Reichsstädte.

Deutschland! Deutschland! Wann wird es das werden, was es sein soll? Nur Österreich nicht die Kaiserwürde ausschlagen, sonst trifft es Preußen (Randbemerkung aus späterer Zeit: „Ich hatte Recht.") oder das stets dahinstrebende Bayern.

Erzherzog Johann.

***

23. Februar 1815.

Du fragst mich, ob der König den Kaisertitel annehme? Das würde er nicht wollen und wäre nicht durchzusetzen. Auch können wir ohne den Namen gleichviel Einfluss haben. Aber solltest Du denken (dies unter uns), dass Stein jetzt die Tollheit hat, darauf und durch Russland zu arbeiten, dass man Österreich als Kaiser anerkenne, Österreich, dem politisch fast gleichgültig sein kann, ob Frankreich wieder einen Teil der Rheinprovinzen nimmt oder nicht, wie mir Gentz selbst gestanden hat! Das Göttliche ist, dass Stein in seinem Aufsatz eine überlange, bittere Tirade über die Undeutschheit Österreichs hat, allein verlangt, dass man eben deswegen ihm die Kaiserwürde geben soll, um es enger an Deutschland zu knüpfen. Ich habe einen Aufsatz gestern dagegen gemacht.

Wilhelm von Humboldt an seine Frau.

***

Den 24. (Februar) gab mir Fürst Hardenberg die Humboldtsche Widerlegung meines Aufsatzes wegen der Kaiserwürde zu lesen und äußerte: Er könne als preußischer

Minister unmöglich in diese Vermehrung der österreichischen Macht einwilligen; diese habe ohnehin eine Tendenz, sich mit Bayern und Frankreich gegen Russland, Preußen und England zu verbinden, seine Macht werde dadurch nur noch vermehrt; Hannover werde gleichfalls nicht einwilligen; er werde in Berlin alles gegen sich empören, wenn er einen solchen Einfluss Österreich einräume. Ich forderte von ihm eine Abschrift des Aufsatzes, um ihn widerlegen zu können. Er versprach ihn, sobald er vom König zurückkomme, dem er ihn eben jetzt vorlegen wolle, und drang sehr in mich, die Sache fallen zu lassen, da sie nur neue Veranlassung gebe zur Eifersucht zwischen Österreich und Preußen.

Freiherr vom Stein.

***

Die Tage vergingen, und der Kongress fristete sein Dasein weiter, bis er plötzlich durch eine unerwartete Nachricht zu Tode getroffen wurde. An diesem Tage – es war der 7. März – fand bei Hof ein großes pantomimisches Ballett *„Les noces de Psyché"* statt. Der ganze Olymp wurde dargestellt: Leopold, Prinz von Koburg, gab Jupiter. Man nannte ihn damals *„Jupiter tonnant"*, weil er in der Romanze vom Eid mit seinem deutschen Akzent immer gesungen hatte *„tonnez, tonnez"*, statt *„donnez"* (gebet). Das ausdrucksvolle, edle Gesicht des Prinzen mit den ausgeprägten Augenbrauen schien wie für diese Rolle als Götterkönig gemacht. Juno, durch die ernste und stolze Gräfin Kinsky-Wrbna repräsentiert, gab ihm an Majestät nichts nach. Venus, Apollo, Diana und die anderen Götter hatten auch sehr passende Vertreter gefunden, die Grazien und Musen gruppierten sich, von Wolken umgeben, um jene, während zu ihren Füßen eine Auslese der schönsten jungen Mädchen mit Tanz und Gesang die Vermählung des „Amor" (der junge Graf Tolstoi) mit „Psyche" (Gräfin Leo Starhemberg, später meine Schwägerin) feierte. Meine Schwester Konstantine stellte Klio, ich mit himmelblauer Tunika und einem Lorbeerkranz in meinen braunen Locken, Kalliope dar. Obwohl wir in dieser hehren Götterversammlung gewiss nicht die Bedeutendsten waren, so hätte doch meine Stimme, wenn ich Kalliope wirklich gewesen, die Götter auf der Bühne sowohl als auch die im Zuschauerraum zu Tode erschreckt, denn sie hätte die niederschmetternden Worte ausrufen können: „Napoleon ist von der Insel Elba entkommen." In der Tat war diese Schreckensnachricht wenige Stunden vorher eingelangt. Man flüsterte sie sich auf der Bühne, hinter den Kulissen, auf den Bänken des Parketts und besonders auf denen der Minister und den vergoldeten Sesseln der Fürsten zu. Diese Herren der Welt ließen sich nichts anmerken. Mit heiterem Gesicht, das Lorgnon in der Hand, stellten sie sich, als ob sie nur das Schauspiel aufmerksam verfolgten. – Doch verriet manche finstere Stirn die innere Bewegung, und die geflüsterten Bemerkungen, die sie untereinander tauschten, betrafen gewiss mehr die nächste Zukunft als den Olymp. Man hatte den Kaiser Alexander dem Kaiser Franz ins Ohr flüstern hören: „Ich verfüge über dreihunderttausend Mann, die der Koalition jederzeit zu Diensten stehen."

Gräfin Lulu Thürheim.

***

Gegen Mittag war das Ereignis durch ganz Wien bekannt, und der Eindruck ist nicht zu beschreiben, den die gleich einem Lauffeuer verbreitete Nachricht auf alle Menschen machte. Jedermann fühlte, dass dieser Schlag eine Schicksalswendung sein werde, wenn auch nur des Mannes, der ihn geführt. Alle Gesichtspunkte waren durch ihn verrückt, aller Anhalt unsicher, alles Bewegte stillgestellt. Dass es Gemüter gab, die nicht aus der Fassung kamen, wird man schon glauben. Der Kaiser Alexander sagte, das Ereignis werde ein geringes sein, sobald man es nur nicht als ein solches behandelte. Der Gleichmut des Fürsten von Metternich blieb unerschüttert, sein Blick hatte sogar auf der Stelle erkannt, dass Frankreich bedrohter sei als Italien; aber auch Gentz, der persönlich so leicht erschreckbare Gentz, blickte mutvoll in die allgemeine Gefahr, oder glaubte sie noch nicht besonders groß. Humboldt rief: „Vortrefflich! Das gibt Bewegung!" Ich muss auch sagen, dass ich einen Diplomaten gesehen, der unter den Augen einer Dame, die seiner Huldigung versichert sein sollte, die Nachricht als die allergleichgültigste aufnahm und mit seltener Bemeisterung nur dazu benutzte, um darzutun, wie ganz von anderem Gegenstande jetzt Sinn und Geist ihm schon erfüllt seien! Die Franzosen, Talleyrand an der Spitze, suchten die möglichst gleichgültige Haltung zu behaupten; solche Stimmung, wahr oder erkünstelt, herrschte auch am Abend jenes bewegten Tages, wo alle hohe und vornehme Welt bei der Kaiserin von Österreich der Aufführung eines Schauspiels beiwohnte. Talleyrand fürchtete wirklich am meisten für Italien, wo er ein bedeutendes Gelingen für möglich hielt, an Frankreich schien ihm ein Einbruch Napoleons gleich im Beginn zerschellen zu müssen. Doch glaubten die meisten Menschen, Napoleon werde sich nach Frankreich wenden. Am 10. März brachte ein österreichischer Kurier aus Genua die Nachricht, dass Napoleon wirklich in Frankreich gelandet sei und das Schloss von Antibes zu überfallen versucht habe. Am 13. kam abermals ein österreichischer Kurier aus Genua mit Nachrichten vom 5. Nun begann auch Talleyrand, und mit ihm der Herzog von Dalberg, zu zagen, besonders da auch ein Kurier aus Paris mit Nachrichten vom 5. eintraf, an welchem Tage man dort von dem ganzen Ereignisse noch keine Kunde hatte. Nach glaubhaften Versicherungen war Talleyrand einen Augenblick sichtbar getroffen und starrte stumm vor sich hin; doch nur im ersten Augenblick, denn gleich im zweiten, rühmte man, habe er sich wieder in seiner Stärke, ruhig, klar und tätig gezeigt. Die Italiener freuten sich, dass Napoleon sich nach Frankreich geworfen; Carpani rief mit Heftigkeit, es sei ein Übermaß von Segen, der Himmel führe den Bösewicht gerade dahin, wo seiner die unfehlbarste Strafe harre. Überhaupt, sowie man nur erst wieder sich besonnen, sich wechselseitig gesprochen, ermutigt hatte, brachen ungehemmt die Leidenschaften aus, und Hass und Wut machten sich in den wildesten Reden Luft. Frauen wetteiferten mit Männern, den Helden des Tages, der sie durch sein bloßes Erscheinen schüttelte und zauste, zu schmähen, zu verachten.

Das tägliche Leben wogte unverändert, die gesellschaftlichen Strömungen, als wäre nichts vorgefallen, gingen ununterbrochen, aber in Betreff der Stimmung, des Betriebes der Geschäfte und der Richtung derselben bot alles ein ganz anderes Ansehen. Der wiedererstandene gemeinsame Feind stärkte die Bande der Vereinigung, des Zusammenhaltens, zunächst unter den großen Mächten, welche der Zwistigkeiten aufrichtig vergaßen und nur den großen Zweck vor Augen hatten, die revolutionäre Militärmacht in Frankreich nicht zu dulden. Die Verabredungen für den Krieg, die Rüstungen aller Art, die Anordnungen der Heermassen, der Truppenmärsche, die Aufbringung der Hilfsmittel traten nun in den Vordergrund. Mit dem Herzoge von Wellington hielten die in Wien anwesenden höchsten Militärpersonen der anderen Mächte häufige Beratungen, die Kriegsminister kamen zusammen, die Finanzminister wurden befragt. Bei den Österreichern stand der General Graf von Radetzky als Heerbildner und Kriegsleiter in höchstem Ruhme; die preußischen Anstalten fanden überall kräftige Förderer, die Einsichten des Kriegers und des Staatsmannes in seltenem Verein bewahrte wie schon früher so auch jetzt der General Freiherr von dem Knesebeck in der höchsten politischen Sphäre, der Kriegsminister General von Boyen, der Oberst Rühle von Lilienstern, der Kriegsintendant Ribbentrop wirkten in ihren Kreisen mit Eifer und Erfolg.

Dabei galt es die Stimmung der Völker zu beachten, die Unzufriedenheit zu beschwichtigen, den guten Willen anzuregen, den kriegerischen Eifer neu zu beleben. Nirgends waren die Gesinnungen feuriger, die Kräfte rascher als in Preußen; hier bedurfte es nicht erst der Verheißungen, wie sie durch die berühmte Verordnung vom 22. Mai über eine schon im nächsten Jahre zu berufende Volksvertretung erteilt wurden, diese Verordnung machte damals nur geringen Eindruck; willig zu jedem Opfer, über die kriegerische Leidenschaft jede andere vergessend, erhob sich die Nation dem neuen Rufe, die Linientruppen waren schnell ergänzt, die Landwehr unter Waffen, die Jägerscharen der Freiwilligen wiedererstanden. Preußische Truppen standen die ersten schlagfertig im Felde. Dem Kriegsminister General von Boyen, dessen ungeirrte Einsicht mit fester Hand überall am rechten Ende die Sachen angriff, wurde hierbei das größte Verdienst einstimmig zuerkannt, und sein Name dem seines großen Vorgängers Scharnhorst würdig zur Seite gestellt.

Varnhagen von Ense.

***

Der Mann, der heute selbst laut bekennt, fünfzehn Jahre lang die Knechtung Europas geplant zu haben, und der zur Verwirklichung dieser ruchlosen Absicht das Leben von zwei Millionen Franzosen geopfert, der überall mit Feuer und Schwert gehaust und unablässig mit Gewaltsamkeit und Trug nach seinem Ziele gestrebt hat; der Mann, den der einmütige Wille des Volkes, das ihm sein Glück anvertraut hatte, ausgestoßen hat, und dessen Leben vor der nur zu gerechten Entrüstung dieses Volkes geschützt werden musste; dieser Mann, dessen Charakter und Handlungen durch das einmütige Zeugnis der Autoritäten, die er selbst eingesetzt hatte, durch die Erklärungen der Befehlshaber der Armee und noch eben durch die Proklamationen derer, die er zu verleiten gewusst hatte, gebrandmarkt sind; dieser Mann, der nicht nur seiner Macht entsetzt ist, sondern der sie selbst niedergelegt und dann für sich und die Seinigen durch einen feierlichen Vertrag mit den Mächten darauf verzichtet hat – einen Vertrag, von dem also nur die Mächte ihn entbinden konnten –, hat sich der Gewalt wieder bemächtigt, in der Hoffnung, jene Herrschsucht, die nie ihresgleichen gehabt hat, noch einmal an Frankreich und Europa sättigen zu können.

Europa kann und darf dies nicht dulden: Es waffnet sich nicht gegen Frankreich, sondern für Frankreich ebenso wohl wie für seine eigene Sicherheit. Es kennt keine anderen Feinde als Napoleon Bonaparte und diejenigen, die für seine Sache streiten.

(Talleyrands Briefwechsel mit König Ludwig XVIII. Entwurf einer Erklärung der französischen Bevollmächtigten.)

***

Den ersten Stoß der neuen Kriegsrüstung zog Murat auf sich, doch nur den der Österreicher, welchen die Sachen in Italien zunächst und allein oblagen. Er glaubte die anderen zu täuschen und war nur selbst der Verblendete. In demselben Augenblick, wo er mit Napoleon anknüpfte, versicherte er die Verbündeten seiner Treue, gleich darauf erklärte er sich offen für Napoleon, brach in den Kirchenstaat ein und rückte mit seinen Truppen gegen die Österreicher an. Gleich der erste Angriff wurde zurückgeschlagen, und so, in rascher Folge von Niederlage zu Niederlage, binnen wenigen Wochen der ganze Feldzug beendigt; die Österreicher besetzten am 22. Mai Neapel und verhießen die Herstellung der alten Dynastie; Murat suchte eine Zuflucht in Frankreich.

Dieses Vorspiel war glücklich entschieden, ehe noch der Kampf gegen Frankreich beginnen konnte, und der gute Ausgang musste das Vertrauen der Verbündeten erhöhen, doch fühlte man wohl, dass dieser Nebengewinn wenig bedeute, solange der Hauptschlag noch nicht geschehen, und dass Napoleon mit seinen Franzosen von anderem Gewicht seien, als Murat und die Neapolitaner. Daher, als jemand sich wunderte, dass der Einzug der Österreicher in Neapel den Geldkurs in Wien fast unverändert ließ, konnte mit Fug erwidert werden: „Damit der Kurs sich bessere, da müssen wir nicht bloß Neapolitaner, sondern auch noch Franzosen und vor allen Dingen Zwanziger schlagen." Die Nachrichten aus Frankreich lauteten keineswegs beruhigend. Wer von Paris kam, bourbonisch gesinnt oder napoleonisch, bestätigte die ungeheuren Anstrengungen, welche dort zum Kriege gemacht wurden, den zwar Napoleon zu vermeiden wünschte, aber schon als gewiss ansah. Der Anhang der Bourbonen war vernichtet oder ohnmächtig, auf eine Mitwirkung von dieser Seite im Augenblicke nicht zu rechnen. Als vorherrschende Richtung erschien die revolutionäre, republikanische, und die war noch mehr zu fürchten als selbst Napoleon, der sie noch kaum bewältigte, indem er ihr nachgab; Carnot und Fouché, die er zu

Ministern weniger gewählt als notgedrungen angenommen, waren inhaltvolle Namen, deren Bedeutung auch das Ausland genugsam kannte. Der Buchhändler Schöll aus Paris, bald nachher im preußischen Staatsdienst einflussreich angestellt und immer der Sache der Bourbonen leidenschaftlich ergeben, konnte den Stand der Sache nicht anders schildern, als wie ihn auch der Graf von Schlabrendorf schilderte, der freiheitliebende, volksgesinnte, der in jener wichtigen Zeit mir ausführliche Mitteilungen machte, von denen leider nur der kleinste Teil an mich gelangen konnte. Wenn man die Verhältnisse im Zusammenhang erwog, durfte man zweifeln, ob es ratsamer sei, die Franzosen gleich anzugreifen, wodurch man ihnen die Unterwerfung unter ihren alten Kriegsanführer erst recht aufnötigte, oder sie sich selber zu überlassen, da sie denn ihr neues Oberhaupt schon genugsam bändigen oder auch abwerfen würden. Ich setzte die letztere Ansicht in einer Denkschrift auseinander, bei welcher mir besonders auch die Gegensätze vorschwebten, in welche der Krieg uns stellte, dessen Zweck sich schon ganz in das Gegenteil des vorigen zu verkehren drohte.

Wunderliche Erscheinungen in der Tat begleiteten die neue Bewegung. Mein Freund Justus Gruner, Generalgouverneur in Düsseldorf, erließ Aufrufe und hielt Reden, die durch ihren Fanatismus erschreckten und fast ärger waren als alles, was die Franzosen in dieser Art je geliefert. Auch in Berlin, wo der kriegerische Eifer so rein und edel war, zeigte sich der politische Sinn dürftig, oder auf unsicherer Bahn; die Wortführer der letzten Jahre wussten noch immer nur von Franzosenhass, und er sollte auch jetzt noch alles machen, da doch die Fragen der Zeit inzwischen sehr gewechselt hatten. Ich selber hatte das Unglück, in dieser Zeit einen Aufsatz zu schreiben, der fanatischer ausfiel, als ich es meinte und wollte, und von dem ich späterhin erfahren musste, dass ihn der General Graf Gneisenau, der von dem Verfasser nichts wusste, in zehntausend Abdrücken hatte vervielfältigen und überall austeilen lassen!

In Wien entstand während der Zwischenzeit, in der man sich besinnen und die Verhältnisse überlegen konnte, auch sehr natürlich die Frage, wiefern etwa die Umstände zuließen oder gebieten könnten, dass Österreich, infolge seiner besonderen Verbindung, die Herrschaft Napoleons in Frankreich sich gefallen ließe und zwischen ihm und den anderen Mächten den Frieden vermittelte. Der Hof und das Kabinett haben diesen Gedanken wohl keinen Augenblick gehegt, aber angesehene Männer sprachen ihn freimütig aus, und am meisten verbreitet war er in der zahlreichen Klasse, die dem Volk am nächsten steht, ohne schon das Volk zu sein. Dass Gentz, wie versichert wird, im Augenblick der Schwäche, wo ihn die Verwirrung und Ungewissheit des Krieges erschreckte, diesen friedlichen Ausweg näher angesehen habe, ist glaublich genug. Jedenfalls hatten die Mächte des Kongresses nicht für überflüssig erachtet, ihre gegenüber von Napoleon und Frankreich genommene Stellung nochmals umständlich zu erörtern und das Ergebnis öffentlich darzulegen. Nach reifer Prüfung hatten sie gefunden, dass ihre früheren Beschlüsse zu behaupten und der Krieg gegen Napoleon ungesäumt mit vereinten Kräften zu beginnen sei. Demnach musste jeder Zweifel schwinden und alle Tätigkeit sich der ausgesprochenen Richtung zuwenden.

Der Kongress konnte aber nicht schicklich auseinandergehen, ohne die noch schwebenden dringenden Fragen zu lösen und namentlich auch den deutschen Angelegenheiten schließlich eine feste Gestalt zu erteilen. Demnach wurde die sächsische Sache ernstlich wieder vorgenommen und mit allgemeiner Zustimmung am 18. Mai endlich zum Abschlusse gebracht. Die deutschen Sachen aber behielten auch unter dem drohenden Krieg und den Sorgen des Augenblicks ihre zögernde und schwierige Art; ja, die Bedenken und Einsprüche, kaum noch Hauptsachen betreffend, schienen gerade zuletzt alle Stärke und Starrheit aufzubieten, und mit unsäglicher Anstrengung und Nachgiebigkeit der leitenden Mächte kam endlich am 8. Juni die deutsche Bundesakte zustande. Und auch da noch fehlten Württemberg und Baden, die erst in der Folge ihre Unterzeichnung nachlieferten. Die Urheber selbst aber erklärten ihr Werk für mangelhaft, übereilt im Drange der Not, und künftiger Ausbildung vorbehalten. Die Gesamtheit aller zu Wien eingegangenen Gebiets- und Verfassungsbeschlüsse wurde sodann, nebst den besonderen Verträgen und Erklärungen, in eine allgemeine Urkunde zusammengefasst und am 9. Juni als Akte des Wiener Kongresses von den Bevollmächtigten unterzeichnet. Sämtliche deutschen Staaten wurden später zum Beitritt aufgefordert. Damit aber auch hier die Schwäche menschlicher Dinge gleich äußerlich sichtbar würde, versagte der Bevollmächtigte Spaniens, Don Gomez Labrador, seine Unterschrift, nachdem er die Gründe seiner Weigerung einige Tage vorher durch eine dem Fürsten von Metternich übergebene Note dargelegt. Von den acht Mächten, die ursprünglich zusammengetreten waren, unterzeichneten demnach nur sieben, und außer der von Spanien ausgesprochenen stolzen Verwahrung erging alsbald auch noch ein nachdrücklicher Einspruch durch den Kardinal Consalvi im Namen des Papstes gegen alle Verfügungen, welche der Kongress irgendwie zum Nachteil der katholischen Kirche getroffen habe.

Damit schloss der Wiener Kongress.

Varnhagen von Ense.

Literatur

Denkwürdigkeiten des Bayrischen Staatsministers Maximilian Grafen von Montgelas, Stuttgart 1887.

De la Garde, Gemälde des Wiener Kongresses, deutsch von Eichler, Leipzig 1844.

K. A. Varnhagen von Ense, Denkwürdigkeiten des eigenen Lebens, Leipzig 1888.

Gentz, Tagebücher, aus dem Nachlass von Varnhagen von Ense, Leipzig 1873.

Aus Metternichs nachgelassenen Papieren, hgg. von Richard Fürst von Metternich und Klinckowsirbin, Wien 1880–84.

Talleyrands Briefwechsel mit König Ludwig XVIII. während des Wiener Kongresses, deutsch von Bailleu, Leipzig 1881.

Gräfin Lulu Thürheim, Mein Leben. Erinnerungen aus Österreichs Großer Welt. 1788–1852. Übersetzt mit einem Vorwort, herausgegeben von René van Rhyn, München, G. Müller, 1913–14.

Elise von Bernstorff, Ein Bild aus der Zeit von 1789 bis 1835, Berlin 1896.

Humboldt und Caroline von Humboldt in ihren Briefen, 4. Band, Berlin 1909. E. S. Mittler & Sohn.

Tagebuch des Freiherrn vom Stein während des Wiener Kongresses, mitgeteilt und erläutert von M. Lehmann, in der Historischen Zeitschrift, Band 60, München 1888.

Karl von Nostitz, Leben und Briefwechsel, Dresden–Leipzig 1848.

H. C. E. von Gagern, Mein Anteil an der Politik, Band 1–4, Stuttgart 1822–32.

E. M. Arndt, Meine Wanderungen und Wandelungen mit dem Freiherrn vom Stein, Berlin, 3. Auflage 1869.

Krones, Aus dem Tagebuche Erzherzog Johanns von Österreich 1810–1815, Innsbruck 1891.

Au congrès de Vienne, Journal de Jean-Gabriel Eynard, Paris et Génève 1914.

Souvenirs de la baronne Du Montet 1785–1866, Paris 1904.

Denkwürdigkeiten des Grafen Hans von Schlitz vom letzten Lebensjahre Josefs II. bis zum Sturze Napoleons l., bearb. von A. Rolf, Hamburg 1898.

Fournier, Die Geheimpolizei auf dem Wiener Kongress, eine Auswahl aus ihren Papieren, Wien und Leipzig 1913.